装配式混凝土建筑产业化关键技术与全生命周期管理

钟 瑾 主 编

赣州建工集团有限公司
江西中煤建设集团有限公司　组织编写

中国建筑工业出版社

图书在版编目（CIP）数据

装配式混凝土建筑产业化关键技术与全生命周期管理/钟瑾主编；赣州建工集团有限公司，江西中煤建设集团有限公司组织编写．—北京：中国建筑工业出版社，2023.8

ISBN 978-7-112-28895-3

Ⅰ.①装… Ⅱ.①钟…②赣…③江… Ⅲ.①装配式混凝土结构—建筑业—产业化发展—研究—中国 Ⅳ.①F426.9

中国国家版本馆CIP数据核字（2023）第121573号

本书从装配式混凝土建筑产业化关键技术和全生命周期管理角度出发，分析了装配式混凝土建筑的制作流程及管理，系统地介绍了装配式混凝土建筑结构技术体系，装配式混凝土构件标准化设计、智能化生产与安装，装配式混凝土建筑全生命周期质量管理、全生命周期成本管理、全生命周期安全管理。

本书内容丰富、结构严谨，既重视装配式混凝土建筑的生产设计，又反映了装配式建筑的全生命周期管理，具有较强的实用性。本书既可作为装配式混凝土建筑生产及管理指南，也可作为装配式建筑研究及施工技术人员的参考用书和培训资料。

本书中未特别注明的，单位统一为mm。

责任编辑：徐仲莉　王砾瑶
责任校对：党　蕾

装配式混凝土建筑产业化关键技术与全生命周期管理

钟　瑾　主　编
赣州建工集团有限公司
江西中煤建设集团有限公司　组织编写

*

中国建筑工业出版社出版、发行（北京海淀三里河路9号）
各地新华书店、建筑书店经销
北京建筑工业印刷有限公司制版
建工社（河北）印刷有限公司印刷

*

开本：787毫米×960毫米 1/16 印张：$14\frac{1}{4}$ 字数：246千字
2023年7月第一版　2023年7月第一次印刷
定价：65.00元
ISBN 978-7-112-28895-3
（41618）

版权所有　翻印必究
如有内容及印装质量问题，请联系本社读者服务中心退换
电话：（010）58337283　QQ：2885381756
（地址：北京海淀三里河路9号中国建筑工业出版社604室　邮政编码：100037）

前 言

《国务院办公厅关于大力发展装配式建筑的指导意见》（国办发〔2016〕71号）中指出，发展装配式建筑是建造方式的重大变革，是推进供给侧结构性改革和新型城镇化发展的重要举措，有利于节约资源能源、减少施工污染、提升劳动生产效率和质量安全水平，有利于促进建筑业与信息化工业化深度融合、培育新产业新动能、推动化解过剩产能。另外，《2016—2020年建筑业信息化发展纲要》中提出，建筑业需全面提高信息化水平。

赣州建工集团有限公司组成攻关团队，对装配式混凝土建筑的产业化关键技术和全生命周期管理等开展深入研究。本书主要包括多层、高层、临时装配式结构体系，装配式混凝土预制构件的拆分与深化设计、数字化标准设计、建筑部品设计，工厂智能化生产、管理和预制构件的存储、运输与标准化安装，装配式混凝土建筑全生产周期质量管理、成本管理和安全管理。

本书由钟瑾主编，徐朋静和兰光明参与编写，全书由钟瑾负责协调各章节内容编写和编稿。本书共七章，具体编写分工如下：第1章由钟瑾编写，第2章由钟瑾编写，第3章由徐朋静编写，第4章由徐朋静编写，第5章由兰光明编写，第6章由兰光明编写，第7章由钟瑾编写。

为保证本书内容的系统性、先进性和完整性，编写人员查阅了大量的文献资料、已公开出版资料和网络材料等，并实地考察了装配式生产基地和装配式建筑项目施工现场等。在编写过程中，所参考或引用的资料，其所有权仍属于原作者。由于编者水平所限，书中难免出现疏漏之处，恳请广大读者指正。

目 录

第1章 绪论 001
- 1.1 装配式混凝土建筑的背景及意义 001
- 1.2 装配式混凝土建筑的特征与政策 002
  - 1.2.1 装配式混凝土建筑的技术特征 002
  - 1.2.2 装配式混凝土建筑的政策导向 005
- 1.3 装配式混凝土建筑产业化关键技术 009
  - 1.3.1 装配式混凝土构件的分类 009
  - 1.3.2 装配式混凝土构件的连接 012
  - 1.3.3 装配式混凝土构件的生产 015
  - 1.3.4 装配式混凝土构件的安装 018
- 1.4 全生命周期 019
  - 1.4.1 建筑全生命周期 019
  - 1.4.2 建设项目全生命周期管理 020
  - 1.4.3 建筑全生命周期管理的实现 020
  - 1.4.4 基于BIM的装配式建筑全生命周期管理 020
- 1.5 BIM技术 023
  - 1.5.1 BIM技术的定义 023
  - 1.5.2 BIM技术的特点 023
  - 1.5.3 BIM技术相关的软件 026
  - 1.5.4 装配式混凝土建筑应用BIM的必要性 027

第2章 装配式混凝土建筑结构技术体系 031
- 2.1 多层建筑结构技术体系 031
  - 2.1.1 装配整体式混凝土框架结构 031
  - 2.1.2 全装配式混凝土框架结构 038
- 2.2 高层建筑结构技术体系 045

    2.2.1 装配式剪力墙结构 ································· 045
    2.2.2 装配式混凝土框架——Y形偏心钢支撑结构 ············ 051
  2.3 临时装配式结构体系 ··· 053
    2.3.1 装配式围挡 ··· 053
    2.3.2 装配式岗亭 ··· 055
  2.4 装配式结构体系中的其他内容 ································· 056
    2.4.1 装配式铝合金模板 ······································· 056
    2.4.2 预制构造柱施工方法 ····································· 058
    2.4.3 装配式建筑防雷接地 ····································· 060

第3章 装配式混凝土构件标准化设计 ······························· 062
  3.1 基本设计原则 ··· 062
    3.1.1 基本原则 ··· 062
    3.1.2 基本要求 ··· 063
    3.1.3 标准化率 ··· 063
  3.2 预制构件的拆分与深化设计 ··································· 064
    3.2.1 拆分基本要求 ··· 064
    3.2.2 拆分具体原则 ··· 064
    3.2.3 深化设计基本规定 ······································· 066
    3.2.4 基于BIM的深化设计理论 ································· 068
  3.3 数字化标准设计 ··· 070
    3.3.1 数字化设计基本内容 ····································· 071
    3.3.2 标准化定量方法 ··· 071
    3.3.3 标准化设计技术 ··· 073
    3.3.4 基于BIM的标准化设计 ··································· 076
  3.4 建筑部品的设计 ··· 078
    3.4.1 基本原则 ··· 078
    3.4.2 部品部件编码 ··· 079
    3.4.3 标准化部品部件库 ······································· 081
    3.4.4 管线综合和净空优化 ····································· 082
  3.5 案例分析 ··· 083
    3.5.1 工程概况 ··· 083

3.5.2 工作流程……084
3.5.3 精细化建模……085
3.5.4 预制构件深化设计流程……086
3.5.5 多专业模型整合……089
3.5.6 场地布置……089

第4章 装配式混凝土构件智能化生产与安装……091

4.1 工厂智能化生产……091
4.1.1 预制构件生产线……091
4.1.2 预制构件生产工艺……095
4.1.3 预制构件制作规程……096
4.1.4 预制构件生产流程……099

4.2 工厂信息化管理……103
4.2.1 当前存在的问题……103
4.2.2 管理系统的主要内容……104
4.2.3 管理系统的主要功能……105

4.3 预制构件的存储运输……106
4.3.1 预制构件厂内吊运……106
4.3.2 预制构件存储与检验……108
4.3.3 预制构件装车与运输……110

4.4 标准化安装技术……112
4.4.1 塔式起重机和吊索……112
4.4.2 预制构件吊装……116
4.4.3 预制构件安装……119

第5章 装配式混凝土建筑全生命周期质量管理……124

5.1 质量管理及相关理论……124
5.1.1 全面质量管理……124
5.1.2 精益质量管理……128
5.1.3 全生命周期质量管理……130

5.2 全生命周期质量管理问题分析……134
5.2.1 规划设计阶段……134
5.2.2 生产运输阶段……134

5.2.3　施工安装阶段 135
　　5.2.4　运营维护阶段 136
5.3　BIM 在全生命周期质量管理的适用性 137
　　5.3.1　技术适用性 137
　　5.3.2　经济适用性 139
　　5.3.3　环境适用性 139
5.4　BIM 在全生命周期质量管理中的价值优势 140
　　5.4.1　BIM 在规划设计阶段的价值优势 140
　　5.4.2　BIM 在生产运输阶段的价值优势 141
　　5.4.3　BIM 在施工安装阶段的价值优势 142
　　5.4.4　BIM 在运营维护阶段的价值优势 143
5.5　基于 BIM 的全生命周期质量管理应用 144
　　5.5.1　规划设计阶段质量管理应用 144
　　5.5.2　生产运输阶段质量管理应用 148
　　5.5.3　施工安装阶段质量管理应用 153
　　5.5.4　运营维护阶段质量管理应用 158

第6章　装配式混凝土建筑全生命周期成本管理 163

6.1　全生命周期成本构成及相关理论 163
　　6.1.1　全生命周期成本管理理论 163
　　6.1.2　成本控制理论 164
　　6.1.3　成本控制的构成 164
　　6.1.4　装配式混凝土建筑全生命周期成本分析 168
6.2　全生命周期成本问题及应对策略 169
　　6.2.1　全生命周期存在的成本问题 169
　　6.2.2　建设全生命周期成本控制措施 170
6.3　BIM 在全生命周期的成本控制难点与对策 175
　　6.3.1　成本控制难点 175
　　6.3.2　成本优化控制对策 177
6.4　BIM 在全生命周期的优势分析与方案 179
　　6.4.1　BIM 在全生命周期中的优势 179
　　6.4.2　基于 BIM 的建造成本控制方案 181

6.5 BIM 在建造全生命周期成本控制中的应用 ···186
    6.5.1 基于 BIM 的规划设计阶段成本控制 ··186
    6.5.2 基于 BIM 的生产运输阶段成本控制 ··187
    6.5.3 基于 BIM 的施工安装阶段成本控制 ··188
    6.5.4 基于 BIM 的运营维护阶段成本控制 ··189

第 7 章 装配式混凝土建筑全生命周期安全管理···191
7.1 安全管理理论···191
    7.1.1 安全管理的内涵···191
    7.1.2 系统原理···192
    7.1.3 事故致因理论···192
7.2 安全管理存在的问题分析···196
    7.2.1 现阶段安全管理不能满足实际需求···196
    7.2.2 安全管理评价难以有效促进安全管理的发展···································199
    7.2.3 安全管理评价核心问题的确定及分析···200
7.3 装配式混凝土建筑安全管理的特点··201
    7.3.1 安全管理具有复杂性···201
    7.3.2 安全管理具有独特性···201
    7.3.3 影响施工安全的因素较多··201
    7.3.4 分包单位安全管理不足···202
7.4 BIM 在安全管理的适用性分析···203
    7.4.1 技术适用性···203
    7.4.2 经济适用性···205
    7.4.3 环境适用性···206
7.5 BIM 在全生命周期安全管理中的应用···206
    7.5.1 规划设计阶段···206
    7.5.2 生产运输阶段···207
    7.5.3 施工安装阶段···208
    7.5.4 运营维护阶段···218

第1章 绪 论

1.1 装配式混凝土建筑的背景及意义

一直以来,建筑业是我国重要的支柱产业,在我国经济社会发展中占有重要的地位。2020年,我国建筑业总产值规模已经突破20万亿元,达到263947亿元,同比增长6.2%。"十三五"期间,建筑业增加值占国内生产总值比重保持在6.6%以上,带动了上下游50多个产业发展,为全社会提供了超过5000万个就业岗位。然而,目前我国的建筑业大多仍延续传统的劳动密集型的建造模式,在建设过程中存在建筑产业集中度低、能源消耗大、技术装备水平低、施工工艺落后等问题。随着可持续发展理念的深化,以及"碳达峰""碳中和"目标的提出,国家开始推行低碳经济。目前建筑工业化逐渐摒弃传统建筑业依靠手工作业、现场浇筑的建造方式,采用标准化设计、工厂化生产、装配化施工、信息化管理的方式,在设计、生产、施工、运营等环节形成完整的、有机的产业链。降低劳动强度和成本,减少能源消耗和建设周期,提高工程质量和劳动生产率,并促进我国建筑业朝着产业化和绿色化方向发展,已成为建筑领域的发展热点。

《国务院办公厅关于大力发展装配式建筑的指导意见》(国办发〔2016〕71号)中指出,发展装配式建筑是建造方式的重大变革,是推进供给侧结构性改革和新型城镇化发展的重要举措,有利于节约资源能源、减少施工污染、提升劳动生产效率和质量安全水平,有利于促进建筑业与信息化、工业化深度融合,培育新产业、新动能，推动化解过剩产能。发展装配式建筑的重点任务主要包括健全标准规范体系、创新装配式建筑设计、优化部品部件生产、提升装配施工水平、推进建筑全装修、推广绿色建材等。装配式混凝土建筑（Precast Concrete Building，简称 PC 建筑）是一种常见的装配式建筑，具体指以工厂化生产的钢筋混凝土预制构件为主，并通过现场装配的方式设计建造的混凝土结构类房屋建筑。近年来，党中央、国务院、住房和城乡建设部和省级人民政府等相继出台了许多政策指导文件、技术规范和标准、具体实施意见等，有效地促进了装配式建筑的发展。

在《2016—2020 年建筑业信息化发展纲要》中提出，建筑业需全面提高信息化水平。其中，BIM（Building Information Modeling，建筑信息模型）是一种应用于工程设计建造管理的数据化工具，通过参数模型整合各种项目的相关信息。在项目策划、运行和维护的全生命周期过程中进行共享和传递，设计、施工、运维等方面改变了传统建筑模式，使项目信息共享、协同合作、沟通协调、成本控制、虚拟情境可视化、数据交付信息化、能源合理利用和能耗分析等方面更加方便快捷，从而大大提高了人力、物料、设备的使用效率和社会经济效益，由此进一步提高生产效率、节约成本和缩短工期等。在装配式建筑项目全过程中，集成应用 BIM、物联网等技术，深化数字化设计、分析、模拟和可视化展示以及交付能力，并通过 BIM 与智能化技术提高施工质量和效率。因此，大力推进与信息化相结合的新型建筑工业化迎来前所未有的机遇，同时也为建筑行业带来从粗放型向集约型、由高能耗高污染向可持续发展转型的挑战。

1.2 装配式混凝土建筑的特征与政策

1.2.1 装配式混凝土建筑的技术特征

1.2.1.1 施工方法

传统建筑主要采用现场浇筑的施工模式，即从搭设脚手架、支模、绑扎钢筋到现场浇筑混凝土的作业模式，所有作业均在施工现场完成。该种粗放型的施工技术使钢筋、水泥、水资源等均存在严重浪费的现象，且工地上脏、乱、差等现象也无法避免。另外，劳动力成本高、招工难、管理难和质量控制难等问题，也成为制约传统建筑发展的重要原因之一。

装配式混凝土建筑在设计方法、构件生产、运输和施工方法上都有别于传统的现浇混凝土建筑，主要体现在建筑设计标准化、部品生产工厂化、现场施工装配化、结构装修一体化和建造过程信息化。主要施工特点如下：

（1）主要构件均在工厂完成标准化制作，施工现场主要对各预制构件进行吊装，现场加工少，减少了环境污染和资源浪费；

（2）预制构件在工厂以机械化数控设备进行生产，有效提高了预制梁、预制柱、预制板等构件的精度，进而保证装配式混凝土建筑的工程质量；

（3）现场主要采用机械设备进行吊装，提高了施工效率，并减少了劳动力，可有效降低工程成本；

（4）对构件预制和施工现场工人的专业性要求均有待提高，专业的装配式建筑工人需要在上岗前进行理论和实践方面的培训；

（5）预制构件生产过程中，可以采用将外墙保温材料、装修材料等进行一体化生产，减少现场施工工序和施工时间，提高整体效率以及确保工程质量。

1.2.1.2 技术要点

1. 深化设计

（1）掌握深化设计要点

预制构件的深化设计应综合建筑、结构、暖通和装修等专业，在预制构件生产前为现场施工进行合理的预留埋设。当发现各专业施工图中相互冲突时，应及时指出需要改进之处，以便及时修改。核查预制构件详图，确保满足规范要求和安装需求。深化设计时，应仔细检查预制构件制作详图的内容和深度等要素是否满足工厂内预制构件制作和现场安装施工要求。

（2）外墙装饰和保温深化设计

外墙装饰饰面在进行深化设计时，应注意墙面砖、找平层、石材等多种材料种类与用量应满足相关需求，同时石材应满足强度和美观等要求。外墙保温构造应满足建筑和使用功能的要求，注意连接件、保温材料的选择应确保准确无误。同时，外墙面的保温还应开展性能设计，以使其热传递系数等满足要求。

（3）预制构件生产

生产计划方面：施工方应根据图纸需求，及时参与预制构件生产计划的设计与调整，确保构件生产制作稳步运行。模具方案方面：施工方应检查图纸是否满足施工需要，并协同检查模具方案制作是否存在问题。人员组织方面：安排专业人员对构件制作进行质量监督，确保强度、尺寸等达标；安排专人在施工方与构件厂间沟通，以加快施工进度。质量控制方面：构件精度和质量对现场施工影响大，应及时沟通；当构件强度和尺寸等不符合安装需求时，应及时修正或重做。

2. 预制构件储存与安装

（1）预制构件储存

叠合板储存。在叠合板的底层放置多根H型钢，第一层叠合板放置在H型钢上，型钢距构件边500~800mm。层间用4块100mm×100mm×250mm的方木隔开，四角的4块方木平行于型钢放置，存放层数不超过8层，高度不超过1.5m。

墙板存储。当墙板宽度小于4m时，下部垫2块100mm×100mm×250mm方木，两端距墙边30mm处各1块方木；当墙板宽度大于4m或带门口洞时，墙板下部垫3块上述方木，其中两端距墙边300mm处各1块方木，墙体重心位置处1块方木。

楼梯储存。楼梯应放在指定储存区域，且地面应保证水平。折跑梯左右两端第2个、第3个踏步位置应垫4块100mm×100mm×500mm方木，距离前后两侧为250mm，保证各层间方木水平投影重合，存放层数不超过6层。

预制梁储存。首先在地面上放置多根H型钢，并保证预制梁长度方向与型钢垂直。型钢距构件边500~800mm，长度过长时应放置一根H型钢，根据构件长度和重量最高叠放2层，每层间用100mm×100mm×500mm的方木隔开。

预制柱储存。预制柱储存除了构件长度和重量不同，最高可叠放3层以外，其他储存方式与预制梁储存方式基本相同。

（2）预制构件安装

对于采用钢筋套筒灌浆连接、钢筋浆锚搭接连接等方式的预制构件，在现场安装就位前，应仔细检查预埋套筒、预留孔的规定和位移、套筒的数量和定位，还应仔细检查构件端部预留的钢筋位置、长度和数量等。当预留钢筋发生明显倾斜时，应及时校直，并保证连接钢筋偏离套筒或孔洞中心线的距离不宜超过5mm。

预制剪力墙的底部坐浆层厚度不宜大于20mm。套筒灌浆施工时，环境温度不宜低于5℃；当连接部位养护温度低于10℃时，须采取加热包围措施。安装预制梁时，端部的搭接长度应符合设计要求，端部与支撑构件之间应坐浆或设置支撑垫块，且坐浆或支撑垫块厚度不宜大于20mm。

3. 装配式混凝土结构检测

装配式混凝土结构检测包括预制构件中的混凝土、钢筋的检测，现场施工的后浇混凝土、钢筋的检测，连接材料内容；预制构件进场和安装施工后的缺陷、尺寸偏差与变形、结构性能等内容；结构构件之间的连接质量检测应包括结构构件位置与尺寸偏差、套筒灌浆连接质量、焊接及螺栓连接质量、预制剪力墙底部接缝灌浆质量等内容。另外，装配式混凝土结构中的检测内容还有外围系统检测、设备与管线系统检测和内装系统检测等。

1.2.2 装配式混凝土建筑的政策导向

1.2.2.1 中共中央、国务院和住房和城乡建设部的主要政策

近年来，国家对装配式建筑高度重视，以相关利好政策大力扶持行业发展，推广装配式建筑，我国装配式行业迎来快速发展新阶段。

2016年9月，国务院办公厅印发《关于大力发展装配式建筑的指导意见》中提出，各地区因地发展装配式混凝土结构、钢结构和现代木结构等装配式建筑，且力争用10年左右的时间，使装配式建筑占新建建筑面积的比例达到30%。重点任务包括：健全标准规范体系、创新装配式建筑设计、优化部品部件生产、提升装配施工水平、推进建筑全装修、推广绿色建材、推行工程总承包、确保工程质量安全等。

2016年12月，国务院印发《"十三五"节能减排综合工作方案》中指出，实施绿色建筑全产业链发展计划，推行绿色施工方式，推广节能绿色建材、装配式和钢结构建筑。

2017年3月，住房和城乡建设部印发《"十三五"装配式建筑行动方案》中

指出，到 2020 年，全国装配式建筑占新建建筑的比例达到 15% 以上，其中重点推进地区达到 20% 以上，积极推进地区达到 15% 以上，鼓励推进地区达到 10% 以上。

2020 年 7 月，《住房和城乡建设部等部门关于推动智能建造与建筑工业化协同发展的指导意见》（建市〔2020〕60 号）中指出，建筑业是国民经济的支柱产业，要持续推进建筑工业化、数字化、智能化升级，加快建造方式转变，推动建筑业高质量发展。

2022 年 1 月，住房和城乡建设部印发《"十四五"建筑业发展规划》中指出，到 2035 年，装配式建筑占新建建筑的比例达到 30% 以上，新建建筑施工现场建筑垃圾排放量控制在每万平方米 300t 以下。适用不同建筑类型装配式混凝土建筑结构体系，加大高性能混凝土、高强钢筋和消能减震、预应力技术集成应用。大力推广应用装配式建筑，培育一批装配式建筑生产基地。

1.2.2.2　各省、自治区、直辖市的相关政策

目前全国已有 30 多个省、自治区、直辖市出台了关于装配式建筑的指导意见和相关配套措施。装配式建筑是当前建筑行业转型、升级的必然趋势，推进了建筑业的节能减排和生产效率。各主要省、自治区、直辖市的相关政策如下：

北京市。《北京市民用建筑节能降碳工作方案暨"十四五"时期民用建筑绿色发展规划》明确：到 2025 年，新建装配式建筑占新建建筑比例达到 55%；推广超低能耗建筑，全市累计推广超低能耗建筑规模力争达到 500 万平方米。

天津市。《天津市建筑业"十四五"规划》明确：合理布局装配式建筑，完善产业链建设，做好整体布局、建设产业平台、加大推广力度。

上海市。《上海市装配式建筑"十四五"规划》明确：通过政府引导和市场调节，到 2025 年，完善适应上海特点的装配式建筑制度体系、技术体系、生产体系、建造体系和监管体系，使装配式建筑成为上海地区的主要建设方式。

安徽省。《安徽省"十四五"装配式建筑发展规划》明确：到 2025 年，各设区市培育或引进设计施工一体化企业不少于 3 家，培育一批集设计、生产、施工于一体的装配式建筑企业，产能达到 5000 万平方米，装配式建筑占到新建建筑面积的 30%。

江苏省。《江苏省建筑业"十四五"发展规划》明确："十四五"期间，新

开工装配式建筑占同期新开工建筑面积比例达到 50%，成品化住房占新建住宅 70%，装配化装修占成品住房 30%。

浙江省。《浙江省住房和城乡建设"十四五"规划》明确：到 2025 年，装配式建筑占新建建筑比例达到 35% 以上，推广节能减排、安全便利和可循环绿色建材产品，持续增强质量安全保障。

福建省。《加快推动新型建筑工业化发展的实施意见》明确：到 2025 年，全省实现装配式建筑占新建建筑的建筑面积比例达到 35% 以上。

湖北省。《湖北省长江经济带绿色发展"十四五"规划》明确：大力发展装配式建筑，培育一批装配式建筑设计、施工、部品部件规模化生产企业和工程总承包企业。

湖南省。《湖南省"十四五"新型城镇化规划》明确：加快新型建筑工业化发展，推广新型绿色建造方式，大力发展装配式建筑。提高绿色建材应用比例，加快推进绿色建材产品评价认证，推进既有建筑绿色化改造。

广东省。《广东省建筑业"十四五"发展规划》明确：到 2025 年，珠三角地区城市装配式建筑占新建建筑面积比例达到 35% 以上，常住人口超过 300 万的粤东西北地级市中心城区达到 30% 以上，其他地区达到 20% 以上。

广西壮族自治区。《广西新型建筑工业化发展"十四五"专项规划（征求意见稿）》明确：到 2025 年，形成一批研发能力强、掌握核心技术、具有自主创新能力、有能力辐射东盟和华南、西部省份的新型建筑工业化领军企业，全区装配式建筑项目建筑面积占新建建筑面积的比例达到 30% 以上。

1.2.2.3 江西省内的相关政策

"十三五"以来，江西省积极探索形成推进装配式建筑发展的政策机制体系和技术体系，加快建立装配式建筑产业基地和示范项目，加快形成装配式建筑产业体系，有序推进装配式建筑在全省范围推广与发展。

2016 年 11 月发布的《江西省人民政府关于推进装配式建筑发展的指导意见》中指出，到 2018 年，全省采用装配式施工的建筑占同期新建建筑的比例达到 10%，其中，政府投资项目达到 30%。2020 年，全省采用装配式施工的建筑占同期新建建筑的比例达到 30%，其中，政府投资项目达到 50%。到 2025 年底，全省采用装配式施工的建筑占同期新建建筑的比例力争达到 50%，符合条件的政府投资项目全部采用装配式施工。

2017年以来，省内共开工装配式建筑面积9600万平方米。抚州市、赣州市荣获国家装配式建筑示范城市，装配式建筑产业基地实现各设区市全覆盖。省级层面先后出台装配式建筑政策文件16个，装配式建筑地方标准近10项，90%的市县（区）政府出台了装配式建筑实施意见，制定了发展规划，为装配式建筑发展提供了重要政策支撑。装配式建筑也纳入省政府对各地高质量发展考核评价指标。

2020年12月继续发布了《关于加快推进全省装配式建筑发展的若干意见》。到2022年，政府投资房屋建筑和基础设施建设项目符合装配式建造条件的应采用装配式建造方式，装配式建筑新开工面积占新建建筑总面积的比例不低于30%，装配式建筑工程项目装配率达到30%以上。到2025年，江西省装配式建筑发展水平进一步提高，装配式建筑新开工面积占新建建筑总面积的比例达到40%。

赣州市作为国家装配式建筑示范城市，2020年12月赣州市人民政府印发《关于进一步推进装配式建筑发展的实施意见》中指出，到2025年，力争全市采用装配式施工的建筑占同期新建建筑的比例达到50%，符合条件的政府投资工程建设项目全部采用装配式施工。培育年产值超10亿元装配式建筑骨干企业1家以上、全产业链集团企业2家以上；培育国家级装配式建筑产业基地2个以上、省级装配式建筑产业基地3个以上；建成装配式示范工程建设项目20个以上、轻钢结构农房示范点5个以上。

2022年2月赣州市住房和城乡建设局印发《赣州市2022年装配式建筑发展工作要点》中指出，当年全市新开工装配式建筑面积占同期新开工建筑面积的比例不低于35%。对国有投资或国有投资为主的建设项目，发展改革部门在项目可行性研究报告审查阶段，要严格落实装配式建筑有关要求。

2022年10月发布的《赣州市"十四五"时期"无废城市"建设实施方案》中指出，围绕国家装配式建筑示范城市和钢结构装配式住宅国家试点城市建设，打造一批有影响力的装配式建筑产业园和基地，培育一批装配式建筑龙头企业。

1.3 装配式混凝土建筑产业化关键技术

1.3.1 装配式混凝土构件的分类

1.3.1.1 水平结构预制构件

在装配式混凝土结构中,水平结构预制构件主要包括预制混凝土梁和预制混凝土叠合楼板等。

1. 预制混凝土梁

装配式混凝土框架中主要采用预制混凝土叠合梁,如图 1-1 所示,它主要承受叠合楼板传递的屋面荷载。为了减少叠合规格,减少次梁与主梁的连接节点,设计时宜尽量减少次梁的布置。其中,预制混凝土梁的梁高可取 $(1/12 \sim 1/8)L$,L 为梁长。同时,梁高的设置还要考虑荷载大小和跨度。当跨度和荷载均较小时,框架梁高度可以取 $L/15$。

图 1-1 预制混凝土梁示意图

2. 预制混凝土叠合楼板

预制混凝土叠合楼板由预制板和现浇钢筋混凝土层叠合而成的装配整体式楼板,如图 1-2 所示。它具有良好的整体性和连续性,有利于增强装配式建筑的抗震性能,并节约模板等。最常见的预制混凝土叠合楼板为钢筋桁架混凝土叠合板，它下部采用钢筋桁架预制板、上部采用现场后浇混凝土形成的叠合板，常用于楼板、屋面板。

图 1-2　预制混凝土叠合楼板示意图

（a）钢筋桁架；（b）预制混凝土叠合楼板

1.3.1.2　竖向结构预制构件

竖向结构预制构件主要包括预制混凝土柱和预制剪力墙等。

1. 预制混凝土柱

预制混凝土柱是装配式混凝土框架结构的主要受力构件，一般采用矩形截面形式进行预制，如图 1-3 所示。预制框架柱层与层之间通常采用直螺纹灌浆套筒进行连接，以实现预制框架柱上下层间的牢固连接。

图 1-3　预制混凝土柱示意图

2. 预制剪力墙

预制剪力墙是指经过深化拆分所得的剪力墙墙体在装配式工厂预制完成后运输到施工现场，通过套筒灌浆连接、浆锚搭接连接、浇筑后浇节点与主体结构连接的预制构件。预制剪力墙是预制装配式混凝土剪力墙结构的主要抗侧力构件，可以抵御地震、风荷载的作用，将上层作用力逐层传递到基础，如图 1-4 所示。

（a） （b）

图 1-4 预制剪力墙示意图
（a）带门洞预制剪力墙；（b）带窗夹心保温三明治预制剪力墙

1.3.1.3 非结构预制构件

非结构预制构件主要包括预制楼梯、预制外挂墙板、预制内隔墙板、预制阳台等，如图 1-5 所示。这类非结构预制构件不参与主体结构的受力，仅以荷载的形式作用在主体装配式混凝土结构中。但是，该类构件仍需满足自身的强度、耐久性和使用功能等要求。

各种非结构预制构件在设计时，尽管此类构件没有参与主体结构计算，但是需要考虑或减少对主体结构的影响。例如，预制楼板设计时，将楼板一端与主体结构铰接连接，另一端采用滑动支座，在承受荷载的同时，可以忽略楼梯对主体结构刚度的影响；预制外挂墙板和预制内隔墙板设计时，要考虑外挂墙板对框架梁、内墙板对整个结构刚度的影响等；预制阳台板设计时，应考虑阳台板上的荷载对相邻预制混凝土梁及相应结构的影响。

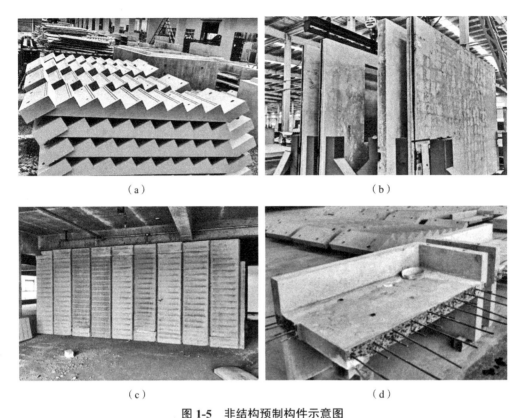

图 1-5 非结构预制构件示意图
（a）预制楼梯；（b）预制外挂墙板；（c）预制内隔墙板；（d）预制阳台

1.3.2 装配式混凝土构件的连接

装配式混凝土结构连接节点种类繁多且构造比较复杂，节点质量对整体结构性能影响较大，需特别重视预制构件连接节点的设计。预制构件的连接节点应满足结构承载力和抗震性能要求，宜构造简单、受力明确、方便施工。装配式混凝土结构中的连接方式主要有预制混凝土柱—柱连接、预制混凝土梁—梁连接、预制混凝土梁—柱连接、预制混凝土墙—墙连接、预制混凝土叠合楼板连接等。

1.3.2.1 预制混凝土柱—柱连接

预制混凝土柱—柱连接的连接方式包括套筒灌浆连接、机械连接、浆锚搭接等。套筒灌浆连接是最常用的连接方式之一，它将下端预制混凝土柱中锚固钢筋伸入上端预制柱的预埋套筒内。在锚固钢筋对中后，通过注浆机将灌浆料从灌浆孔注入，并从排浆口排出。套筒最外侧箍筋混凝土保护层厚度不应小于20mm，并且套筒净距不应小于20mm，以降低施工难度，同时保证混凝土可以浇筑密实。

预制混凝土柱—柱连接的关键点为锚固钢筋、混凝土粗糙面、键槽等。同时在现场连接施工时，后浇混凝土、灌浆料及坐浆材料强度应远大于预制构件混凝土强度等级。另外，预制柱纵向钢筋采用灌浆套筒连接时，预制柱顶、底部与后浇节点之间应设置接缝并符合要求：在柱底设置键槽，柱顶及后浇节点结合面做粗糙面，凹凸深度不应小于6mm，同时预制柱底面与后浇区设置15～20mm接缝，并用灌浆材料封堵。

1.3.2.2 预制混凝土梁—梁连接

1. 预制叠合梁连接

预制叠合梁可以采用对接连接的方式，在连接处设置后浇段，并保证后浇段长度满足梁下部纵筋连接施工作业的要求。另外，也可以根据实际情况采用套筒灌浆、机械连接或焊接连接，将后浇段内梁下部纵筋进行连接。同时对后浇段进行箍筋加密布置，箍筋间距不大于100mm且不应大于$5d$（d为箍筋直径）。

2. 主次梁后浇段连接

对采用叠合楼板的装配式混凝土结构，预制混凝土主梁与预制混凝土次梁之间的结构通常采用后浇节点进行连接，即在主梁上预留后浇段，钢筋连接但混凝土断开，以便于穿过次梁钢筋并进行锚固。主梁与次梁之间可采用刚性连接，也可采用柔性连接。

1.3.2.3 预制混凝土梁—柱连接

装配式混凝土结构中，预制混凝土梁与预制混凝土柱之间通常采用整体浇筑形式进行连接。这种连接方式可以将预制混凝土梁和柱通过后期现浇混凝土形成刚性节点，具有梁柱构件外形简单、制作和吊装方便、节点抗震性能好、整体性能较好等优点。

在进行梁、柱连接节点设计时，梁、柱构件受力钢筋应该尽量采用较大直径和较大间距的布置方式，节点区域主筋较少，有利于后浇节点的施工，确保工程质量。同时应充分考虑装配式建筑施工可行性，合理确定梁柱截面尺寸、钢筋数量、间距、位置。当采用直锚、弯锚或者机械锚固时，其锚固长度应符合国家相应技术标准、规范、规程。

1.3.2.4 预制混凝土墙—墙连接

预制混凝土墙—墙之间的连接方式主要包括水平缝连接和竖向缝连接。

1. 水平缝连接

预制混凝土墙水平缝宜设置在楼面标高处，预制构件拆分时预留20mm的坐浆层。预制混凝土墙竖向分布筋可分为双排连接和单排连接。通过在下层墙体中设置锚固钢筋、上层墙体中设置灌浆套筒的方式，在连接处采用灌浆料和坐浆料浇筑连接形成整体。

2. 竖向缝连接

在装配式混凝土结构中，同一楼层内相邻预制混凝土墙之间的竖向缝主要采用后浇节点连接的方式。当竖向接缝位于纵横墙交接处的约束边缘构件区域时，约束边缘构件应在后浇段内设置封闭箍筋，且全部采用后浇混凝土；当竖向接缝位于纵横墙交接处的构造边缘构件区域时，构造边缘构件应全部采用后浇混凝土。当仅在一面墙上设置后浇段时，后浇段长度不宜小于300mm。

非边缘构件位置，相邻预制混凝土墙之间需设置后浇段，后浇段宽度不小于墙厚且不宜小于200mm，且应设置不少于4根、直径不应小于墙体竖向分布钢筋直径且不小于8mm的竖向钢筋。两侧墙体的水平分布筋在后浇段内的锚固、连接应符合国家现行相关标准、规范、规程的规定。

1.3.2.5 预制混凝土叠合楼板连接

预制混凝土叠合楼板连接主要包括叠合楼板之间连接、叠合楼板与梁柱节点连接等。

1. 叠合楼板之间连接

预制混凝土叠合楼板之间采用后浇带整体接缝连接时，后浇带宽度不宜小于200mm，且后浇带两侧板底纵向受力钢筋可在后浇带中焊接或搭接连接。当叠合楼板之间采用密拼式整体接缝连接时，接缝处应设置垂直于接缝的搭接钢筋，且垂直于搭接钢筋的方向应布置横向分布钢筋。当叠合楼板之间采用密拼式接缝连接时，可采用底面倒角和倾斜面形成连接斜坡、底面设槽口和顶面设倒角、底面和顶面均设倒角等做法。

2. 叠合楼板与梁柱节点连接

叠合楼板与预制混凝土梁或梁柱节点连接时，主要包括叠合楼板纵向钢筋伸入支座和纵向钢筋不伸入支座两种。当钢筋桁架上弦钢筋参与截面受弯承载力计算时，应在上弦钢筋设置支座处桁架上弦钢筋搭接钢筋，并应伸入板端支座。

当叠合楼板中的桁架预制板纵向钢筋伸入支座时，应在支承梁或墙的后浇混凝土中锚固，且锚固长度需满足要求。当桁架预制板纵向钢筋不伸入支座时，支座处应设置垂直于板端的桁架预制板纵筋搭接钢筋，且不应小于桁架预制板内跨中同方向受力钢筋面积的 1/3。垂直于搭接钢筋的方向应布置横向分布钢筋，在一侧纵向钢筋搭接范围内应设置不少于 2 道横向分布钢筋。

1.3.3 装配式混凝土构件的生产

1.3.3.1 模具设计

预制混凝土构件模具以钢模为主，面板主材选用 Q235 钢板，支撑结构可选型钢或者钢板，如图 1-6 所示。模具规格可根据模具形式选择，应满足以下要求：

图 1-6　预制构件的模具

（1）模具应具有足够的承载力、刚度和稳定性，保证在构件生产时能可靠承受浇筑混凝土的重量、侧压力及工作荷载。

（2）模具应支、拆方便，且应便于钢筋安装和混凝土浇筑、养护。

（3）模具的部件与部件之间应采用牢固的连接，且预制构件上的预埋件均应有可靠的固定措施。

由于每套模具被分解得较零碎，需按顺序统一编号，以防止错用。模具组装时，边模上的连接螺栓和定位销要一个都不能少，必须紧固到位。为了构件脱模时边模顺利拆卸，防漏浆的部件必须安装到位。另外，在预制混凝土构件蒸养之前，要把吊模和防漏浆的部件拆除。模具拆除时，首先将边模上的连接螺栓和定位销全部拆卸，为了保证模具的使用寿命，禁止使用大锤。拆卸工具宜为皮锤、羊角锤、小撬棍等。模具暂时不使用时，需在模具上涂刷一层机油，防止腐蚀。

1.3.3.2 生产工艺

预制混凝土构件的生产工艺主要包括固定台模工艺、立模工艺、长线台座工艺、平模机组流水工艺等。

1. 固定台模工艺

固定台模作为预制构件的底模，在台模上固定构件侧模，组合成完整的模具，是最常见的生产工艺。它主要根据生产规模，在车间里布置一定数量的固定台模，放置钢筋与预埋件、浇筑振捣混凝土、养护构件和拆模都在固定台模上进行。模具是固定不动的，作业人员和钢筋、混凝土等材料在各个模台间流动。

2. 立模工艺

立模工艺的浇筑过程是竖直方向的，这也使立模工艺的构件两面同样平整。立模工艺主要应用于预制楼梯、预制整体单元、无门窗的墙板。立模工艺的最大优势在于占地面积小，节约空间资源，构件完成面的质量较高。

3. 长线台座工艺

长线台座工艺适用于露天生产厚度较小的构件和采用先张法的预应力钢筋混凝土构件等。台座一般用混凝土或钢筋混凝土浇筑而成。在台座上，传统做法是按构件种类和规格先支模板进行构件的单层或叠层生产，或采用快速脱模的方法生产较大的预制混凝土梁、柱等构件。

4. 平模机组流水工艺

平模机组流水工艺生产线一般设在厂房内,适合于生产板类构件,主要有预制混凝土墙板、楼板、阳台板、楼梯等。该种施工工艺中,一般在安装钢筋后,运用起重机依次完成后续工序。作业过程中,各种机械设备相对固定,主要依靠起重机作业。

1.3.3.3 质量管理

装配式混凝土建筑的工程质量管理主要包括质量管理体系、质量管理要求、预制构件进场验收与构件吊装质量要求等。

1. 质量管理体系

施工单位应建立健全可靠的技术质量保证体系,同时配备相应的质量管理人员,认真贯彻落实各项质量管理制度、法规和相关规范。建设单位和监理单位应制定严格的质量监督管理措施,定期组织召开监理例会,协调工作安排,审核工程进度,并对工程存在的质量和安全隐患进行通报,督促施工单位进行整改。

2. 质量管理要求

施工中严格执行"三检"制度:每道工序完成后必须经过班组自检、互检、交接检,认定合格后,由专业质检员进行复查,并报请监理工程师检查验收合格,才能进行下一道工序施工。所有预制构件进场前均要进行质量验收,合格后方可进行使用。套筒灌浆作业前各预制构件安装质量需报监理工程师验收;商品混凝土浇筑前先对商品混凝土随车资料进行检查,报请监理工程师验收合格后方可浇筑。

3. 预制构件进场验收与构件吊装质量要求

预制构件运输时需采用牢靠的运输车和专用存放架,所有进场构件需提交相关生产资料,并对外观、尺寸、预留预埋等进行全面检查后,报请监理工程师验收。另外,宜选择有代表性的单元进行预制构件试安装,如预制混凝土柱、预制混凝土剪力墙等,并应根据试安装结果及时调整施工工艺、完善施工方案。

1.3.4 装配式混凝土构件的安装

1.3.4.1 构件运输

预制混凝土梁和预制混凝土柱等构件运输过程中,车上应设有专用架,且需有可靠的稳定构件措施,必要时在安全的情况下尽快进行加固。预制外挂墙板、预制内隔墙板可采用竖立方式运输,如图1-7所示;预制叠合楼板、阳台板、楼梯可采用平放方式运输。卸车前需检查墙板专用横梁吊具是否存在缺陷和开裂等问题,以及检查吊具与墙板预埋吊环是否扣牢。确认吊钩无误后方可缓慢起吊,且起吊过程中保证墙板垂直起吊,可采用吊运钢梁均衡起吊,防止构件单点起吊引起构件变形,并满足吊环设计时角度等要求。

图1-7 预制墙板运输

1.3.4.2 构件堆放

预制构件运至现场后,应按吊装顺序、规格、品种等分区配套堆放。不同构件堆放之间宜设宽度为0.8~1.2m的通道;临时存放区域应与其他工种作业区之间设置隔离带或做成封闭式存放区域。预制混凝土梁、柱和叠合楼板可采用平放;预制外挂墙板、预制内隔墙板可采用竖立插放或靠放,插放时通过专门设计的插放架,应有足够的刚度,并需支垫稳固。墙板宜离地存放,避免根部面饰、高低口构造、软质缝条和墙体转角等质量受损;对连接止水条、高低口、墙体转角等易损部位应加强保护。

1.3.4.3 构件吊装

预制构件现场吊装时，需提前制订安装进度计划，有效提高施工效率，并对需要安装的构件提前进行验收。吊装前需进行以下工作：找平、分仓（仅针对剪力墙）、封坐浆层、控制线弹线清晰准确、钢筋调位、斜撑及相关配件和其他相关测量器具准备就位、确认吊装设备安全、确认构件吊装编号、检查预埋件等。

正式吊装时，主要流程包括吊装预制外墙板、垂直度校核、封缝补边、套筒注浆、封补预留孔洞，如图 1-8 所示；吊装预制混凝土梁和内墙板；填充柱钢筋绑扎、支模斜撑安装、混凝土浇捣、模板和斜支撑拆除；吊装叠合楼板底模板、管线预制和叠合板钢筋绑扎、混凝土浇捣、楼面找平等步骤。

（a） （b）

图 1-8 套筒注浆、封补预留孔洞
（a）套筒注浆；（b）封补预留孔洞

1.4 全生命周期

1.4.1 建筑全生命周期

建筑全生命周期是指从项目准备、开始、诞生到后续的拆除、报废全过程。通过系统论的方式，对整个建筑工程项目进行计划、组织、协调和指挥，借助全生命周期管理，可以让建筑工程建设、使用增值。建筑工程涉及的参与方较多，包括咨询、勘察、设计、监理、施工、设备安装等，不同参与方其工作内容具有显著差异。针对建设项目全生命周期管理，需要有明确的核心参与方，对于各类型建筑工程，可从三个阶段进行划分，即决策阶段、实施阶段、运营阶段，在决策阶段，需要进行开发管理；在实施阶段，需要开展项目管理；在运营阶段，需要抓好设施管理。

1.4.2　建设项目全生命周期管理

建设项目全生命周期管理（Building Lifecycle Management，BLM），指贯穿于项目整个建设过程，包括设计、生产、建造、运营维护以及拆除后再利用的全生命周期中的信息与过程。该理念的核心思想是信息管理，通过建立集成虚拟的建筑信息模型来实现设计—施工—管理过程的集成，减少信息在这些过程中的交流障碍。主要包括以下两个方面：

（1）项目实施过程中建立相关建设工程信息。

（2）在项目全生命过程中共享和管理这些信息，从而达到提高项目建造效率、质量和获利能力的目标。

1.4.3　建筑全生命周期管理的实现

在信息化技术开始不断发展的时候，在建筑信息化管理方面就开始了一定的探索，但是由于技术发展还没有跟上时代的步伐，所以一切研究只是设想和计划，并未得到真正的实施。在BIM信息模型技术提出的时候，建筑信息化管理使研究人员看到了曙光。BIM能够将建筑存在的诸多过程利用信息化技术结合起来，而不像原来的建筑过程一样，所有信息都是独立的。通过建立BIM信息系统，能够收集建筑过程中所要求的质量及性能，并且可以输入成本及其他数据，这些数据的互相结合贯穿了整个建筑项目，使建筑信息模型能够具有一个完整的并且有层次性的信息系统。

1.4.4　基于BIM的装配式建筑全生命周期管理

装配式混凝土建筑经设计、加工后形成固定的构件，需要在工地进行拼装，所以它与普通建筑不同。之所以装配式混凝土建筑全生命周期管理需要包含构件生产、运输管理也是因为装配式混凝土建筑与普通建筑不同。因此，规划设计阶段、生产运输阶段、施工安装阶段、运营维护阶段四个阶段就是 BIM 在装配式混凝土建筑全生命周期管理中的运用。

1. 规划设计阶段

作为建筑项目的开头，规划设计把控着建筑的整体方向，它是引导各个部门履行职责和如何协调工作的具体实施方案，并且落实到工程施工过程中可能存在的问题和数据信息的处理。BIM 技术很好地解决了设计变更中可能遇到的各种问题，还提高了各个环节的工作效率，故在这个环节中有着无可替代的作用。

（1）施工场地

建筑场地的分析和规划在项目实施前期非常重要，关系到建筑位置的确定性。因此，将 BIM 技术和 GIS（Geographic Information System，地理信息系统）技术进行结合，对建筑场地的信息进行收集，利用 GIS 技术对空间和属性等信息进行分析、研究。建立模型，从模型中发现场地可能存在的问题，得到对场地位置的评估和规划，最后选取最佳的场地规划方案，保证施工过程中能够更好地执行。

（2）绘制图纸

场地规划后，根据建筑项目规划方案开始建立模型。为了减少以往三视图的复杂工作，在绘制图纸时引入 BIM 技术，在图形和属性信息更改的同时，与这个构件相关的其他构件也发生相应的变化，大大提高了工作效率。由于 BIM 具有可视性，因此在研究和展示建筑时，可以方便地根据模型进行沟通。

（3）工程造价

在以往的财务、预算中，建筑构件的信息是没办法进行自动处理的，因此工程造价人员在工程量统计中往往花费大量的时间。BIM 技术能够把所有工程信息储存在同一数据库中，工作人员在运算和管理时可以及时获取所需要的信息，并且能够自动计算，大大降低错误和误差发生的可能性。

2. 生产运输阶段

BIM 系统在构件生产制造阶段引入 RFID（Radio Frequency Identification，射频识别）技术进行数据处理。首先它会生成特定的 RFID 标签将相应的构件标注出来，不同的 RFID 标签包含不同构件的完整信息，供生产、存储、运输和吊装等各环节的操作者使用。正式生产前,构件生产管理系统会自动从BIM数据库中提取已经设计并保存的相关信息,并且在生产环节结束后,将生产构件的数量、规格、质量检验等信息上传到BIM数据库备份保存。另外,RFID标签是以唯一性原则进行编码的,保证了构件生产、运输、使用等各环节信息传递的统一性和精准性。在运输开始前编制专项运输方案,可以利用BIM等技术,对不同类型的预制构件、不同运输车辆的装车方式进行模拟,制定高效安全的运输方案。车辆上的预制构件既要考虑放置的稳定性,也要考虑集中放置时构件能承受的压力,同时也要制定有效的固定措施,防止因为路面不平或驾驶员不好的驾驶习惯而造成构件滑移。

3. 施工安装阶段

BIM技术通过阅读器识别进入构件后,能够把之前植入的信息通过无线网络传达至施工现场的控制中心。控制中心利用BIM系统将收到的信息进行存储,之后向吊装中心发送经分析的信息,吊装中心基于接收的信息吊装预制构件,吊装完成再次通过阅读器阅读信息后将分析识别的信息再一次反馈至控制中心。这样的反馈机制,使得控制中心在分析核实信息的同时,还更新了BIM系统。由于可以对预制构件的储存和吊装进行随时追踪和监控,及时更新施工过程中的信息,得到准确、完整的信息,因此BIM技术的应用不仅可以使信息录入时的失误大大减少,还可以避免施工风险。BIM技术应用于施工阶段,通过采集数据提高施工效率和施工质量,使得传统的施工人员被解放出来,大大降低了施工成本,实现利润最大化。

4. 运营维护阶段

利用BIM技术还可以在工程运营维护阶段开展科学的管理工作。已建工程的施工情况、经济情况、容量的承载度以及后期的使用和财务等信息都会被收集到BIM数据库以专门的文档保存,这些信息是施工单位交付工程和建筑运营维护时需要充分参考的。BIM系统会与物业管理部门的系统进行连接,物业管理人员可以通过BIM系统随时监督改善物业运营情况,有效保护建筑物结构的安全,BIM系统会对物业运行的各种参数,如设备性能和能耗以及环境成本支出等进行随时监控并准确评价,给出相关的优化建议,而且BIM系统在物业门禁管理方面也能发挥较大的作用。

1.5 BIM 技术

1.5.1 BIM 技术的定义

1975 年，美国佐治亚理工大学的 Chuck Eastman 提出了"建筑描述系统"（Building Description System），以便于实现建筑工程的可视化和量化分析，提高工程建设效率。1999 年，Eastman 将"建筑描述系统"发展为"建筑产品模型"（Building Product Model），并指出建筑设计工业模式从定义、工程实施到最后拆解的制造整个供应链生命周期流程中，都能呈现建筑设计工业丰富、完善的生产资讯。BIM 技术是一种多维模型集成技术，能够使建设项目各参与方从概念产生到拆除全生命周期，在模型中修改信息或在信息中操作模型。BIM 技术有可视化、协调性、模拟性等优势与特点，实现从设计、施工、造价、运维、拆除项目全生命周期的多种功能。运用数字信息化技术，模拟建筑信息，实现三维设计、数字建造、从二维升至多维的功能。

目前，国内外对 BIM 的定义主要分为两个方面：BIM 是模型、BIM 是过程。将 BIM 定义为模型的研究成果中，最具代表性的是美国国家 BIM 标准，该标准中 BIM 被定义为用来表示建筑项目物理特性以及工程特性的模型。储存于建筑信息模型中的专业信息，如建筑、结构、材料、施工规范等可以为工程建设项目全生命周期中的任何决策提供可靠的信息支撑。BIM 定义为过程，是在工程建设项目全生命周期中，在工程项目设计、施工、运维等阶段对工程建设项目进行分析、施工模拟、工程量统计等的过程。

1.5.2 BIM 技术的特点

BIM 技术是一种多维模型信息集成技术。建筑的物理信息、几何信息、功能信息及建设过程中的经济信息、运行信息等都可集成于 BIM 技术中。在建筑全生命周期内，BIM 技术赋予项目各参与方权限，各参与方可以结合项目实际运行情况对模型信息进行更新、修改、传递、共享。BIM 技术具有八大技术特点：

1. 具有互动和反馈的可视化

可视化即"所见即所得"。在传统二维平面施工图时代，建筑构件都是采用线条和文字进行表达的。施工人员需要结合平面、立面、剖面图，并且结合自身经验想象各个构件的具体形式。随着建筑行业不断地深入发展，各种异形结构的建筑不断涌现，传统二维平面图显然难以满足施工现场作业的需求。BIM技术提供了可视化的解决方案，将二维CAD线条变成三维模型展示给施工作业人员，便于他们理解复杂的建筑构造。

传统的效果图只是简单地将二维CAD线条转换成简单的图片，这些图片没有建筑构件信息，也不能对其进行调整修改。根据建筑构件信息自动生成的三维模型，具有互动反馈的可视化性。BIM三维模型除了施工阶段利用其可视化的特点，在项目设计、运营过程中也可以利用，方便各参与方进行讨论、沟通、决策。同时项目建筑模型还可以生成各种建筑构件的统计报表。

2. 各专业协调性

一个建筑工程项目不是由一家单位独立施工完成的，包括许多分包单位。一个项目的设计也不是由一个专业完成的。沟通协调贯穿于项目的全生命周期。传统的二维图纸由于缺乏协调功能，在施工和设计阶段容易出现问题。一般来说，施工阶段出现问题，常常会以设计变更的形式解决。而在设计阶段，由于各个专业平面设计的独立性，不会主动发现问题，设计的不合理之处会延续到施工阶段体现出来。设计变更会导致施工成本的增加和工期的损耗。BIM模型的协调性可以在设计出图前进行各个专业的碰撞检测，例如管线碰撞报告、净高检测报告，将需要协调的数据提取生成协调数据，供各专业设计人员进行参考并调整设计。这将大大减少后期施工阶段产生的变更签证，从而减少返工，节省工期。

3. 真实模拟性

BIM技术不仅可以模拟图纸设计的建筑模型，还可以模拟不便于在实际中进行操作的事物。图纸设计时经常使用BIM技术进行项目场地分析模拟、风环境模拟、防火分区消防疏散模拟、日照分析模拟等。而在施工阶段则利用BIM技术对施工场地进行布置模拟、土方平衡模拟、项目施工进度模拟，还可以在施工进度模拟的基础上加入成本造价信息，进行施工成本动态模拟。

4. 优化性

优化工作存在于建设项目的全生命周期中，项目建设过程是一个不断将图纸进行优化的过程。优化受三个要素影响：时间、信息、结构。时间即指优化工作所消耗的时间成本。信息对优化的影响在于没有准确的信息就不会得到合理的优化结果，因此它是优化工作的基础条件。结构是指优化工作的复杂程度，复杂程度越高，优化工作人员无法掌握全部的项目信息，而优化工作就无法开展。建设项目的物理、几何、规则和建筑物变化的信息，BIM 技术都可以提供。现代建设项目复杂程度越来越高，BIM 技术及其他二次开发的优化工具和软件让优化工作的开展成为可能。具体优化工作大多集中在设计阶段，如对方案进行优化、对异形空间结构进行优化等。

5. 可出图性

传统的二维 CAD 出图只有平面、剖面、立面等图，而且各个图纸互相独立，联系性差，通常平面修改会导致剖面和立面都要修改。不同的是，BIM 模型只需要修改模型，导出的平面、立面、剖面图会同时修改，设计出图效率很高。而且 BIM 模型不仅可以出平面、立面、剖面图，还可以出碰撞检查报告、各专业预留套管预埋构件图、管线综合图。

6. 一体化性

BIM 技术作为一种管理手段和方法，可以运用于设计阶段、施工阶段、运营阶段，贯穿于工程项目的全生命周期，具有项目一体化性。BIM 技术是由计算机三维模型所产生的完整数据库，包含初始的设计信息、施工过程信息、交付使用信息、项目结束信息。

7. 参数化性

BIM 模型是由多个参数化的构件形成的，修改构件的参数便可以形成新的模型。构件是 BIM 模型的基本图元，构件之间的区别通过参数的不同反映出来，参数包含图元作为三维模型的所有信息。而传统的二维 CAD 图形都是数字式的，参数化比数字式更复杂，维度更多，表达内容更加丰富。

8. 信息完备性

利用 BIM 技术对工程建设项目的所有对象进行 3D 几何信息和拓扑关系的描述，可以形成完整的工程建设项目信息描述，体现出 BIM 技术具有信息完备特性。

1.5.3 BIM 技术相关的软件

BIM 软件按照功能和作用，基本上分为两个大类：BIM 建模软件和 BIM 应用平台软件。常用的 BIM 建模软件有 Autodesk 公司的 Revit 软件、Bentley 软件、Archi CAD 软件，Dassault 公司的 CATIA 软件等；BIM 应用平台软件主要有广联达 BIM5D 和鲁班 BIM 系统。这些软件的共同点均在于建模，并在数据模型的基础上，以一定的应用标准进行数据交互，如 IFC 标准、IFD 标准、IDM 标准等应用标准。下面对主要的 BIM 软件、应用平台、应用标准进行简介。

1. Autodesk 软件

（1）Autodesk Revit 软件

该软件前身由 Revit Technology 公司生产并提供。2002 年欧特克公司（Autodesk）收购合并了该公司并生产出该软件。该软件以 Revit Architecture 为核心，其中也可选择嵌入 Revit Structure 及 Revit MEP 等功能模块。

（2）Autodesk Navisworks 软件

该软件是聚焦于模拟和展现的软件，其中模型主要集中在三维方面。Autodesk Navisworks 用于对三维模型的展现和分析，各参与方针对不同的问题可使用该软件进行有针对性的解决，其中在 BIM 工作流中具有较为明显的优势。Autodesk Navisworks 软件可以作为其他软件的后续分析工具，如 AutoCAD 和 Revit 等软件产出的结果可以导入该软件中。

2. 广联达 BIM5D

国产 BIM 软件众多，其中也有不少 BIM 软件能够满足各大项目设计，其中以广联达 BIM 系列在国内市场拥有较好的口碑。广联达 BIM5D 属于集成效果、模拟效果较好的软件，通过该软件可以对施工过程中的进度、合同、成本、质量、安全、图纸、物料等方面进行管理和控制，收集和积累这些过程中产生的各类数据，对数据的集合分析和综合利用，有助于提升决策的科学性和合理性，从而达到优化整个流程的目的，从进度、成本、质量上达到优化效果。

3. 鲁班 BIM 系统

鲁班 BIM 系统更加侧重于对基础数据的管理和使用，在该方面该软件具有其他软件无法比拟的优势，经过多年发展，该软件的业务内容也逐渐由工具级、项目级向企业级的完整解决方案转变，服务范围逐渐拓展，服务内容逐渐完善。

目前来说，该软件的两个核心业务内容是工程基础数据、BIM 应用，均已构建了较为健全的产品线。

鲁班 BIM 系统在建筑项目中的应用效果越来越好，模拟、建模、分析的优势逐渐体现出来。该软件的一大优点是可以实现一模多算，自动效果更佳。同时，该软件符合我国各类标准和规范的要求，如工程设计规范、造价管理规范和工程量计算规则，在我国市场的适应性更好。

4. IFC 标准

BIM 的标准单元格式即信息交换标准 IFC（Industrial Foundation Classes）。国际协同工作联盟 IAI 组织为了提高工程设计的效率及正确性，推动以工程应用领域为主的信息交换标准 IFC，可以应用于不同专业领域、阶段流程中，数据与信息最终由 IFC 储存与传递，更加有效地确保了存储和使用的效率与质量。IFC 标准的出现解决了信息交换与共享的问题，并已成为国际接受的工程数据交换标准。国际许多工程应用软件公司都已陆续提供了 IFC 格式资料的输出、输入接口，由此可知 IFC 已成为 BIM 的信息交换格式及建构 BIM 的基础。

1.5.4 装配式混凝土建筑应用 BIM 的必要性

1.5.4.1 装配式混凝土建筑质量管理

1. 模拟施工提前准备

基于 BIM 技术的建筑信息模型，能够在项目开始前实现装配式混凝土建筑施工方案的模拟分析，找出设计中存在的质量问题并及时修改。利用 BIM 技术模拟装配现场的合理布置，保证吊机能够处于合理的吊装范围，保障预制构件的堆放安全。同时质量管理人员可以利用模拟装配视频将装配时的难点和要点提前进行说明，从而装配人员能够准确知道构件的基本质量参数和安装流程，减少因装配质量问题产生的返工，能够有效控制装配式混凝土建筑的装配质量。

2. 提升质量管理效率

传统的二维 CAD 图纸不容易直观理解且信息传递效率低下，容易出现"信息孤岛"现象，从而影响装配式混凝土建筑质量管理目标的实现。BIM 技术提供了三维可视化的思路，通过构建一个数字化的信息模型，"所见即所得"，使信息的表达方式更加完整、准确和清晰,且信息传递方式更加方便,为装配式混凝土建筑预制构件的生产装配提供了质量保障,从而避免由于信息误解产生的质量隐患,提高了装配式混凝土建筑质量管理效率。

3. 明确质量责任追溯

在装配式混凝土建筑质量管理中,由于装配式混凝土建筑预制构件的数量众多,BIM 模型的复杂程度也随之增加。在 BIM 技术应用过程中可以与 RFID、物联网等技术充分融合,通过 RFID 读写功能对预制构件生产现场以及装配现场的作业产品进行追踪、记录和分析,实现了质量信息传递的自动化和智能化,增强了预制构件质量信息的透明度,从而明确质量问题的责任追溯。

4. 实时控制现场质量

在 BIM 模型应用过程中,现场质量管理人员可以实时地将预制构件生产以及装配期间发生的所有质量问题都记录下来,并反馈到 BIM 模型中,相关技术人员可以通过观察输入质量问题的 BIM 模型,实时掌控生产、装配现场的质量情况,及时找出解决质量问题的方法,并可以通过现场质量情况的更新做到有效预防,从而实现对装配式混凝土建筑构件生产以及装配现场实时的质量控制。

1.5.4.2　装配式混凝土建筑成本管理

1. 优化图纸设计

BIM 技术本质的概念和应用的基础是通过设计图纸构建建筑 BIM 模型。在装配式混凝土建筑施工中的水、电、空调、建筑物等各专业和工程根据施工设计图纸,针对不同的施工阶段生成相应的 BIM 模型,并采用工作集的方法实现各自独立模型之间对于位置、属性互换的要求,BIM 技术通过将 2D 的图纸利用 3D 模型展现,实现对图纸的优化和深化处理,可直观表达图纸中存在的问题,还可通过建筑设计 3D 可视化,解决管道综合布置时存在的碰撞问题以及安装时由于工作面导致的冲突、错误等问题。

2. 强化施工管理

通过 BIM 技术创建施工现场模型,可实现对施工道路的优化,保证施工所需的机械和车辆在进入现场后运行畅通;可实现对功能分区的优化,保证施工现场运输中,减少至服务目标的运输路径距离,使运输成本经济高效,合理划分物料的堆放和储存区域，降低物料因存放不当导致质量下降、出现火灾等风险；可根据不同阶段建筑的不同特点，对建筑面积进行合理、科学的划分，提高对各职业、各工作面的管理协调水平。

3. 成本精细管控

利用 BIM 技术中的进度表统计功能，可实现对工程量精准、有效地计算。通过二维码和网页信息展示，结合 BIM 模型确保对物料的追踪，实现对物料进度信息、交付信息等信息的全面、动态管理。通过 BIM 模型识别资源需求情况，并提供数据支撑，便于对材料的采购、分配提供帮助。在此基础上，同时对项目进度进行跟踪，直观、清晰地对比出实际数量与计划数量的差异，为调整和纠正措施的提出提供引导作用，从而实现对成本的有效控制。

通过在装配式混凝土建筑项目成本管理中，应用 BIM 技术在图纸优化设计、强化施工管理、成本精细管控等方面的优势，可有效解决装配式混凝土建筑项目设计阶段、施工阶段成本管理存在的问题，实现对成本的有效控制。

1.5.4.3 装配式混凝土建筑安全管理

1. 优化施工方案

应用 BIM 动态模拟技术可以优化装配式混凝土建筑的施工方案，促使建筑企业提升经济效益。在施工方案编写过程中，运用 BIM 技术能够构建系统的施工方案模型，呈现施工方案的仿真效果，根据结果对比方案间的优劣。在施工准备阶段，可使用 BIM 技术对建筑安装的全部过程进行模拟，并且监控每一个安装步骤，及时发现安全隐患，为施工方案的改进提供依据。同时，根据系统对监控信息分析的结果，优化预制构件的安装步骤，提升预制构件安装的安全性。

2. 调整施工场地布局

装配式混凝土建筑建造期间，需要安装数量众多的预制构件，作业现场存在大量交叉工序，加之施工技术内容繁杂，施工现场的布置方式可能会出现问题。制定恰当的施工现场布设方式，预防施工风险和矛盾的产生，是施工单位在动工前需要着重考虑的问题。利用 BIM 技术能够动态化呈现作业现场的材料与构件堆放、建筑设备放置、车辆运输及吊装等工序，事先预估布设方案中可能产生的安全隐患，确保施工活动的顺利进行。

3. 明确施工现场重点防护区域

应用 BIM 安全管控方式将施工方案、施工进度修正数据输入计算机系统，能够为安全监管工作的开展提供可靠参考，同时依据实际情况的发展及时标记安全风险，设置提醒模式，进而提升安全监管工作的及时性、高效性。另外，可以利用 BIM 模型明确施工实践中每个环节应当重点防护的位置，尤其是事故发生概率高的区域，务必准确定位且设计防护模块，在作业人员进入危险区域时及时发出警示。

4. 加大安全教育培训力度

在安全教育活动开展时，有关人员应当利用 BIM 安全信息模型，依据建材、机器设备、施工人员等数据，多角度动态展现建筑施工的具体步骤，再现施工过程。另外，可以运用 VR 技术模拟安全事件，让施工人员对安全事故现场有更深刻的认知，意识到安全教育培训的重要性，调动施工人员的积极性，深化安全教育，取得更加理想的培训效果。

第 2 章　装配式混凝土建筑结构技术体系

2.1　多层建筑结构技术体系

在多层建筑结构中，根据装配化程度高低，可将装配式混凝土建筑分为装配整体式混凝土框架结构和全装配式混凝土框架结构。

2.1.1　装配整体式混凝土框架结构

2.1.1.1　装配式混凝土梁柱节点

装配整体式混凝土结构中，梁柱节点通常采用整体浇筑形式进行连接，即将梁和柱通过后期混凝土浇筑形成刚性节点，具备梁柱构件外形简单、制作和吊装方便、节点整体性能较好的特点。节点设计时，预制混凝土梁、柱构件受力钢筋应尽量采用较大直径和较大间距的布置方式，节点区域主筋较少，并合理确定梁柱截面尺寸、钢筋数量、间距、位置，有利于后浇节点的施工。当采用直锚、弯锚或者机械锚固时，其锚固长度应符合国家相应技术标准、规范、规程。

装配式混凝土梁柱节点采用整体浇筑形式进行连接时，预制梁纵向受力钢筋应伸入后浇节点内锚固连接。当预制梁纵向受力钢筋不承受扭矩时，可以不伸入后浇节点区域。对于框架结构中间层中的节点，可将节点两侧的预制梁下部纵向受力钢筋采用锚固、机械连接或焊接的方式在后浇节点区域内进行连接,同时梁上部纵向受力钢筋应贯穿后浇节点核心区域,如图 2-1 所示。

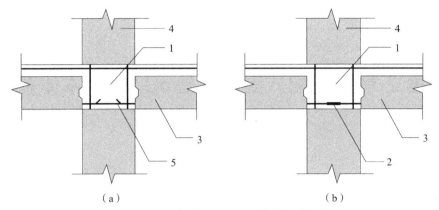

图 2-1 梁柱节点中间层中的节点构造示意
(a)梁下部纵向受力钢筋锚固;(b)梁下部纵向受力钢筋机械连接
1—现场后浇区;2—梁下部纵向受力钢筋机械连接;3—预制梁;
4—预制柱;5—梁下部纵向受力钢筋锚固

对装配整体式混凝土框架结构顶层中的节点,其纵向受力钢筋构造和中间层中的节点的受力钢筋构造相同,预制柱纵向受力钢筋应采用直线锚固。当预制梁截面不符合直线锚固要求时,可采用锚固板锚固,如图 2-2 所示。

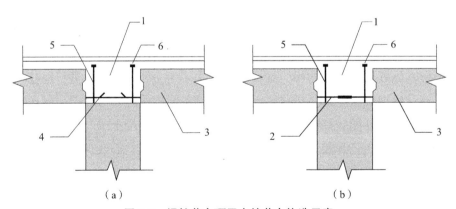

图 2-2 梁柱节点顶层中的节点构造示意
(a)梁下部纵向受力钢筋锚固;(b)梁下部纵向受力钢筋机械连接
1—现场后浇区;2—梁下部纵向受力钢筋机械连接;3—预制梁;
4—梁下部纵向受力钢筋锚固;5—柱纵向受力钢筋;6—锚固板

2.1.1.2 预制混凝土柱套筒连接钢筋定位

套筒灌浆连接中，预留锚固钢筋偏位是影响预制混凝土柱—柱连接处承载力的主要问题。提高钢筋定位的准确性，可以提高预制柱施工的合格率和吊装速度。现浇混凝土中伸出的钢筋应采用专用模具进行定位，并采用可靠的固定措施控制连接钢筋的中心位置及外露长度，应避免钢筋污染。对于首层柱上的套筒连接，从下部基础或地下室顶板上的预埋钢筋出筋处，需采用6mm厚定位钢板进行定位。各预埋孔的数量及定位根据图纸进行确定，孔直径比钢筋大4mm。例如，当预制柱截面为600mm×600mm和600mm×800mm时，定位钢板尺寸如图2-3所示。

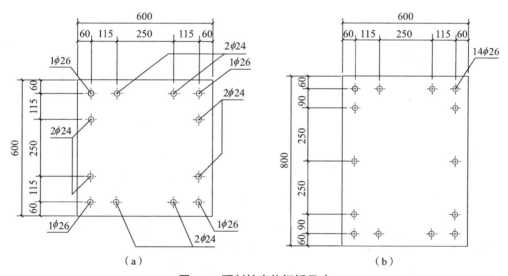

图 2-3 预制柱定位钢板尺寸

（a）600mm×600mm；（b）600mm×800mm

预制混凝土柱套筒连接钢筋定位的具体操作步骤为：

（1）根据施工图及规范要求，完成定位钢板布置和加工，如图2-4（a）所示。

（2）将每个定位钢板编号并与相应柱对应，确保定位钢板定位的准确。

（3）钢筋绑扎前，应先对竖向钢筋进行调直、校正到位。

（4）混凝土浇筑后应检查预留钢筋位置、垂直度、钢筋预留长度是否准确，使用定位钢板对板面预留竖向钢筋进行复核，如图2-4（b）所示。

（5）对四个角部钢筋进行标记，作为上部预制柱吊装的控制线。

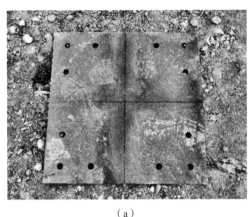 

（a） （b）

图 2-4 套筒钢筋定位工艺

（a）定位钢板布置；（b）钢板尺寸为 600mm×800mm

2.1.1.3 预制叠合梁施工方法

预制叠合梁吊装需利用支架体系，控制预制构件的精度，并解决梁柱钢筋碰撞问题。梁柱中柱节点处的钢筋部位，需提前制定吊装顺序，合理安排施工顺序，达到吊装快速施工的目标。预制叠合梁具体施工方法包括：

（1）预制叠合梁边线控制。根据各轴叠合梁边至框架柱边的距离，用钢卷尺测量并标记出叠合梁边至框架柱边的距离，然后采用红外激光水平仪，对准已做好的标记点，标记出各叠合梁位置控制线［图2-5（a）］。

（2）支撑架搭设及调整。可采用满堂排架搭设支撑体系。预制叠合梁底至1m水平控制的高度位置做好标记，然后在预制柱之间拉两条通线，确定叠合梁底平面位置。叠合梁水平支撑横杆选用平直钢管，确保叠合梁支撑横杆面在同一水平面上，然后在横杆两侧同时进行固定。

（3）吊装。预制叠合梁应采用两点吊装，以防止叠合梁变形，保证叠合梁均匀受力起吊，避免磕碰边角，叠合梁起吊平稳后再匀速移动吊臂，如图2-5（b）、图2-5（c）所示。采用分格逐仓先吊装"字母轴"主梁，再吊装"数字"主梁。

（4）就位。预制叠合梁靠近建筑物后，两侧预留钢筋与预留柱筋错开缓慢下降移动，由人工就位。梁吊装过程中，要时刻注意叠合梁预留钢筋与已经浇筑完成的柱钢筋的位置碰撞重合问题,如图 2-5(d)所示。在吊装过程中发生碰撞,需要现场及时调整叠合梁预留钢筋水平方向。

(5)对齐与固定。预制叠合梁就位后,采用吊锤对叠合梁进行精准对齐,垂线与叠合梁侧紧贴,缓慢移动叠合梁,使垂线与柱上已有叠合梁边线弹线重合对齐。随后在叠合梁侧水平支撑横杆两侧加上固定件,固定叠合梁位置。叠合梁边与控制线误差范围控制在 5mm 以内,如图 2-5(e)、(f)所示。

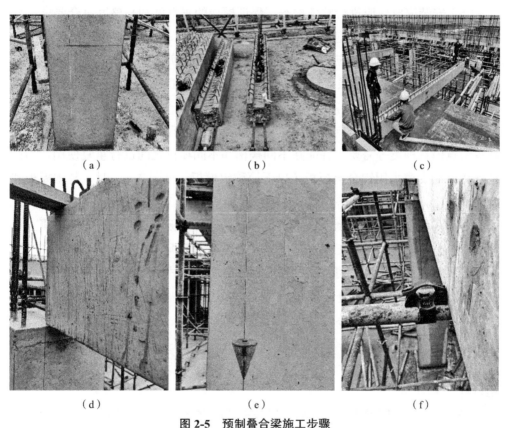

图 2-5 预制叠合梁施工步骤
(a)边线控制;(b)起吊;(c)吊装;(d)就位对齐控制线;(e)垂直度控制;(f)固定

2.1.1.4 梁柱节点连接处施工方法

装配整体式混凝土结构中,预制梁与预制柱连接处通常采用现场支模并浇筑混凝土的方式进行可靠连接。具体施工工艺为:

（1）在安装完预制柱和预制梁后，放置节点箍筋，并进行节点箍筋绑扎。

（2）吊装叠合楼板，检查预制楼板的标高是否符合设计要求。

（3）在预制柱和预制梁上弹好控制线，在梁柱节点模板安装之前，必须对模板进行全面清理，涂刷隔离剂。隔离剂要涂刷均匀，不得漏刷。

（4）按预拼装的施工编号图依次拼装，套管与节点两边的模板面接触位置要平整，以便后期浇筑完成后收回对拉螺杆。

（5）安装完成后应进行整体检查，保证模板的垂直度和平整度符合要求。

（6）为防止模板下口跑浆，浇筑混凝土前半天或一天可按要求堵好砂浆。

（7）混凝土浇筑时，应随时观察模板，检查模板实测实量数据有无变化。

（8）拆模时混凝土强度需达到《混凝土结构工程施工质量验收规范》GB 50204—2015中的要求。

装配式混凝土梁柱节点的模具定位需满足受力合理、现浇简便、优化尺寸和减少节点模具种类等需要，并能在不同楼梯和不同项目之间进行重复使用。当梁柱连接处的支模采用铝合金模板（以下简称铝模板，见图2-6）时，与木模板和钢模板相比，具有以下优势：

（1）在混凝土尺寸控制、外观质量等方面，铝模板和钢模板可以使混凝土结构表面平整，可免于抹灰工序，其优势大于普通木模板。

（2）钢模板和铝模板可以根据需要制作成各种形式的构件尺寸，适用于一些特殊部位，适用性方面优于木模板。

（3）钢模板重量重，铝模板和木模板相对较轻，仅人工就可进行模板安装工作。

（4）价格上，钢模板＞铝模板＞木模板，但铝模板重复使用次数多，单次费用较低。

（5）钢模板和铝模板在废弃后可以被重新回收利用，而木模板属于一次性的。

2.1.1.5 预制柱套筒灌浆连接施工方法

预制柱套筒灌浆连接的施工工艺质量是保证结构质量的关键内容之一，通常需要专业灌浆工人完成。具体流程包括：

（1）预制柱封仓：

1）保留预制柱下部的排出浆孔管线，长度至少5cm；

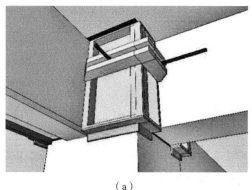
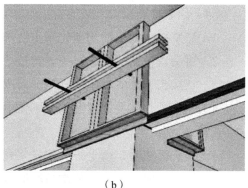

（a） （b）

图 2-6　装配式混凝土梁柱节点连接处铝合金模板

（a）中柱；（b）边柱

2）使用专用封浆料封堵柱底形成坐浆层，如图 2-7（a）所示；

3）封堵 24h 后达到一定强度后才能灌浆。

（2）测量并计算需灌注接头的数量或灌浆空间的体积，计算灌浆料的用量。用水量以重量计，加水量必须严格根据产品提供的出厂检测报告计算得出。拌合用水必须称量后加入，且需精确至 0.01kg。

（3）首先将称量好的灌浆料和水倒入搅拌机，搅拌 3～4min 至彻底均匀。搅拌均匀后，静置 2～3min 排气，然后进行流动性检验和试块制作，如图 2-7（b）所示。当流动性检验合格后，倒入灌浆机中进行灌浆作业。

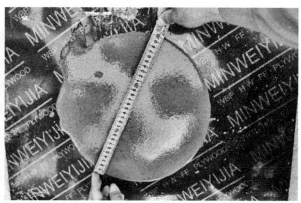

（a） （b）

图 2-7　预制柱封仓与灌浆料流动性测试

（a）坐浆层；（b）灌浆料流动性测试

(4）预制柱灌浆：

1）灌浆泵（枪）使用前先用水清洗灰尘；

2）对倒入机器的灌浆料用滤网过滤大的颗粒；

3）从接头下方的灌浆孔处向套筒内压力灌浆；

4）同一个仓位要连续灌浆，不得中途停顿。

(5）封堵出浆口：

1）接头灌浆时，待上方的灌排浆孔连续流出浆料后，用专用橡胶塞封堵；

2）按照浆料排出顺序依次封堵灌排浆孔，封堵时灌浆泵要一直保持压力；

3）直至所有灌排浆孔出浆并封堵牢固后，再停止灌浆；

4）在浆料初凝前检查灌浆接头，对漏浆处及时进行处理。

(6）灌浆完毕，立即用水清洗搅拌机、灌浆机和灌浆管等器具。

2.1.2 全装配式混凝土框架结构

全装配式混凝土框架结构中，梁柱连接处主要采用干式连接，楼板一般采用全预制楼板，整体结构中没有或者采用较少的混凝土。该种结构一般适用于低层或抗震设防要求较低的建筑，主要由于干式连接的转动刚度较低，使得相应结构的抗侧刚度和抗震性能均较低。

2.1.2.1 全装配式混凝土框架结构概述

全装配式混凝土框架结构主要包括预制柱、预制梁、预制楼板和干式连接节点等，各构件均在工厂生产并运送到现场进行装配，如图 2-8 所示。该种结构的优点为生产效率高、施工速度快、构件质量好，且施工受季节性影响较小。对干式连接节点而言，如图 2-9 所示，从理论上来说其刚度应该属于介于刚接和铰接之间的半刚接连接，且节点因变形而产生裂缝后的刚度会进一步降低。另外，该种结构体系中采用全预制楼板时，楼板无法认定为刚性。干式连接节点的半刚性和楼板非无限刚使得常规软件很难对该种结构体系进行准确设计。

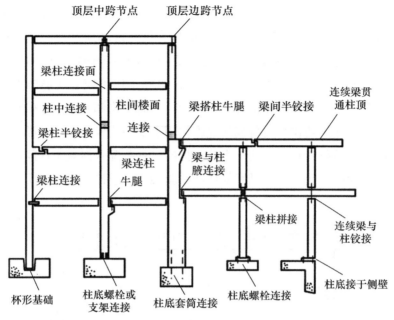

图 2-8　全装配式混凝土框架结构

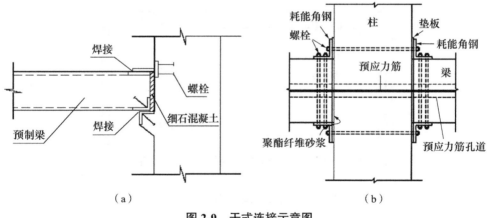

图 2-9　干式连接示意图
（a）预制梁柱连接；（b）PTED 连接

2.1.2.2　一种可恢复功能的全装配式混凝土框架结构

为进一步提高全装配式混凝土框架结构的抗震性能、抗侧刚度、施工效率和震后可恢复功能能力等，笔者提出一种带可恢复功能节点的全装配式混凝土框架结构,如图 2-10 所示。该种结构中,框架梁左、右两端断开,并采用可恢复功能节点的高强螺栓连接;柱中进行拆分,且在现场通过套筒灌浆连接;预制梁、顶层预制梁柱、中间层预制梁柱和底层预制柱等均在工厂中生产。在该种结构中,梁柱在各楼层位置为一个整体,梁端采用可恢复功能节点,可有效保证梁端混凝土不发生开裂和实现强柱弱梁,震后损伤和更换仅发生在可恢复功能节点上;柱中连接处在竖向荷载和地震作用下受力均较小,套筒灌浆连接可有效保证预制柱的承载力和可靠性。为此,提出一种装配式混凝土柱间模块化连接装置及其施工检测方法、一种可恢复功能预制梁—梁连接节点,以实现结构预期功能。

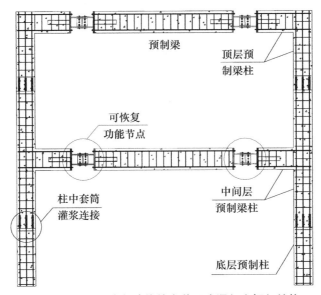

图 2-10　一种可恢复功能的全装配式混凝土框架结构

1. 一种装配式混凝土柱间模块化连接装置

如图 2-11 所示,该种装置包括预制上柱 10、预留孔 101、预制下柱 2、预制套筒 3、第一进浆孔 31、第一出浆孔 32、预埋钢板 4、预埋角钢 5、预埋钢套筒 6、预埋套筒端板 7、预埋圆钢管 8、模块化角钢 9、加劲肋 93、第一圆孔 91、坐浆层 11、平行套筒 12、第二进浆孔 121、第二出浆孔 122、连接管 13 等。具体技术为:预制上柱和预制下柱,两者平行且间隔设置。预制上柱上设置有预留孔和若干个预制套筒,预制上柱和预制下柱内的纵筋分别插入预制套筒内。预埋组件包括预埋钢板、预埋角钢、预埋钢套筒、预埋套筒端板和预埋圆钢管。其中，预埋角钢和预埋圆钢管设置在预埋钢板上，预埋钢套筒通过预埋套筒端板与预埋钢板连接。4块模块化角钢上设置有若干个彼此间隔的圆孔，并通过螺栓和垫片与预埋钢套筒连接。坐浆层设置在预制下柱和4块模块化角钢之间。

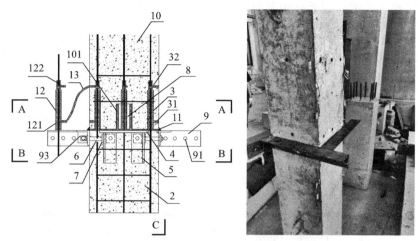

图 2-11　一种装配式混凝土柱间模块化连接装置

装配式混凝土柱间模块化连接装置具体施工与检测步骤如下：

（1）在工厂制作预制上柱、预制下柱、预制套筒、预埋组件、模块化角钢和平行套筒；

（2）将所有预制构件运抵施工现场，且将预制上柱和预制下柱在现场安装；

（3）将其中一块模块化角钢与预制下柱上的预埋钢套筒采用螺栓连接后，其余3块基于预制下柱的尺寸合理选择第一圆孔后，与预制下柱之间采用螺栓连接后，并与相邻模块化角钢上的加劲肋之间采用螺栓与螺母配合连接；

（4）将平行套筒连接固定在模块化角钢上，并在第一出浆孔与第二进浆孔之间设置连接管；

（5）在预制上柱与4块模块化角钢之间设置坐浆层；

（6）从离平行套筒连接最远的第一进浆孔开始注入灌浆料，在第一出浆孔和第二出浆孔流出灌浆料后，立即采用橡胶塞封堵第一进浆孔、第一出浆孔和第二出浆孔；

（7）待灌浆料达到预期强度后，拆除角钢、坐浆层、平行套筒和连接管；

（8）仅需把灌浆后的平行套筒送入实验室进行检测，可判断装配式混凝土柱间连接中的关键部位，即套筒灌浆连接的施工质量。

2. 一种可恢复功能的预制梁—梁连接节点

如图2-12所示，该种节点主要包括预制梁、端部钢板、H型钢、连接钢板和高强螺栓等。端部钢板靠预制梁一侧需焊接两个预制槽钢，各槽钢需与箍筋侧面焊接连接；端部钢板另一侧需焊接一个H型钢。预制梁内纵向钢筋端部与端部钢板连接处需做螺纹处理，随后将纵向钢筋穿过预留孔洞端部钢板中，再旋转螺母，以使钢筋骨架与端部钢板进行固定连接。预制梁—梁连接主要通过端部的H型钢相连，且两个H型钢之间需采用连接钢板和高强螺栓固定。地震作用下，结构损伤可主要集中在H型钢和连接钢板上，使预制梁—梁连接节点具有受力清晰、高效装配、施工简便、高承载力和震后可快速恢复功能等优点。

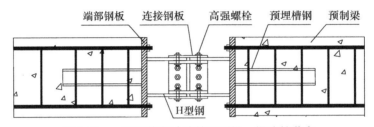

图2-12 一种可恢复功能的预制梁—梁连接节点

2.1.2.3 全预制混凝土楼板

叠合楼板是当前装配式建筑中应用最普遍的预制结构构件，它可以取代现浇混凝土楼板必要的模板，并大幅减少支撑。但是叠合楼板存在以下缺点：

（1）叠合楼板本身是预制板＋现浇板的形式，通常楼板厚度较现浇板厚度有所增加，造成混凝土材料浪费；一般住宅楼板叠合楼板厚度为130～150mm。

（2）预制底板只能解决模板和板底钢筋的问题，板面钢筋仍需现场铺设并浇筑混凝土，施工仍较为烦琐。

（3）预制板中通常设置桁架钢筋，会造成钢筋用量增加、板面钢筋和现浇层预埋管线铺设困难，从而浪费人工和材料，并增加工程成本。

（4）叠合楼板工厂预制厚度一般为60mm，在运输、吊装过程中容易产生挠曲和裂缝，影响工程质量，安装时仍需要大量支撑。

因此，全预制混凝土楼板的概念被提出后，其各方面性能几乎等同于现浇楼板。相比传统叠合楼板，全预制混凝土板不仅能保证结构受力安全，同时可靠且经济环保。具体表现为：

（1）按楼板设计厚度全部预制，厚度与传统楼板相同，不需要特别加厚。

（2）取消现浇层，不需要大规模铺设面筋，也无须现场大量浇筑混凝土。具有施工速度快、环境整洁等优点。

（3）全预制混凝土楼板自身整体预制，是完整的楼板；整体性强、受力性能好，吊装、运输等不易开裂、变形，如图2-13（a）所示。

（4）可以有效减少支撑，如图2-13（b）所示。

（a） （b）

图2-13 全预制混凝土楼板示意图
（a）全预制混凝土楼板；（b）安装时的支架

全预制混凝土楼板现场吊装完成后，仍需在中间连接处浇筑混凝土，以增加混凝土楼板的刚度和整体性，如图2-14所示。

（a） （b）

图2-14 全预制混凝土楼板混凝土浇筑完成
（a）全预制混凝土楼板安装完成；（b）现场浇筑完成

2.1.2.4 梁板支撑体系

目前装配式建筑中通常采用满堂支架或独立支撑形式。满堂支架按一定间隔、密布搭设，其优点是安全稳固，缺点是支架模板消耗量大、工期长。独立支撑优点是通用性强，能够适应不同层高预制构件的支撑，搭设和拆除简单易操作，提高作业效率，缩短工期，降低成本；缺点是稳定性方面可控性差，对各项操作要求高，且满堂支架耗费的材料和人工较高。因此，介于独立支撑和满堂支架之间的新型梁板支撑体系被提出，如图2-15所示。

新型梁板支撑体系原理为：预制梁、板底采用普通扣件式脚手架进行支撑，盘扣式脚手架支撑于梁底两侧，可以同时支撑预制梁和预制楼板，如图2-15所示。预制梁搁置在70mm×70mm的横向木方上，木方垂直于叠合梁放置，间距为2400mm，即支撑叠合梁和支撑全预制楼板的支撑交替进行。全预制板底支撑原理同预制梁，通过调节扣件式脚手架的横杆标高来对预制板的标高进行控制。

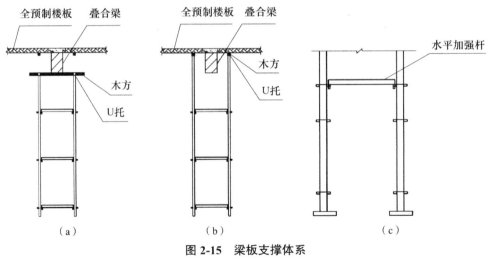

图 2-15 梁板支撑体系
（a）正面；（b）侧面；（c）人行通道支撑

梁板支撑体系要点主要包括：

（1）支撑系统应具有足够的强度、刚度和整体稳固性，应按现行国家标准《混凝土结构工程施工规范》GB 50666 进行验算。

（2）临时支撑的间距及其与柱、梁边的净距应经设计计算确定，竖向连续支撑层数不宜少于2层且上下层支撑宜对准。

（3）木、钢立柱应承受模板结构垂直荷载，应符合强度和稳定性计算。

（4）扣件式钢管脚手架作支架立柱时，连接扣件和钢管立杆底座应符合现行国家标准《钢管脚手架扣件》GB 15831的规定。

（5）首层支撑架体的地基应平整坚实，宜采取硬化措施。

2.2 高层建筑结构技术体系

2.2.1 装配式剪力墙结构

2.2.1.1 装配式混凝土剪力墙的分类

预制剪力墙是装配式混凝土剪力墙结构的主要抗侧力构件，可以抵御地震作用、风荷载的作用，将上层作用力逐层传递到基础。装配式混凝土剪力墙结构可以分为三种：全部或部分预制剪力墙结构、装配整体式双面叠合混凝土剪力墙结构、内浇外挂剪力墙结构。

1. 全部或部分预制剪力墙结构

全部或部分预制剪力墙结构通过竖缝节点区后浇混凝土和水平缝节点区后浇混凝土带或圈梁实现结构的整体连接。该种剪力墙结构类型的工业化程度高，预制内外墙均参与抗震计算，但对外墙板的防水、防火、保温的构造要求较高，是现行行业标准《装配式混凝土结构技术规程》JGJ 1中推荐的主要做法。

2. 装配整体式双面叠合混凝土剪力墙结构

装配整体式双面叠合混凝土剪力墙结构将剪力墙从厚度方向划分为三层，内外两侧预制，通过桁架钢筋连接，中间现浇混凝土、墙板竖向分布钢筋和水平部分钢筋通过附加钢筋实现间接连接。该种剪力墙中的桁架钢筋既可作为吊点，又能增加构件平面外刚度，防止起吊时构件开裂。

3. 内浇外挂剪力墙结构

内浇外挂剪力墙结构的剪力墙外墙通过预制的混凝土外墙模板和现浇部分形

成。其中预制外墙模板设桁架钢筋与现浇部分连接,可部分参与结构受力;剪力墙内墙均为现浇混凝土剪力墙。该体系纳入上海市工程建设规范《装配整体式混凝土住宅体系设计规程》DG/TJ 08—2071—2010,具有抗震性能和外墙防水较好、现场施工方便等优点。

2.2.1.2 装配式混凝土剪力墙的连接

装配式混凝土剪力墙结构中,竖向构件剪力墙采用预制,分为预制内墙和预制外墙。预制剪力墙通过后浇一字形、T形、L形节点进行连接,水平接缝通过后浇带和灌浆套筒连接。

1. 水平接缝连接

装配式混凝土剪力墙结构中,楼层内相邻预制剪力墙之间应采用整体式接缝连接。具体表示为:预制剪力墙构件在同一楼层内的连接主要为水平接缝连接,其纵横墙交接部位采用纵向钢筋、封闭箍筋及拉筋配置在后浇段内,随后在相邻预制剪力墙之间支模,最后浇混凝土接缝的形式,如图2-16所示。另外,位于该区域内的钢筋连接相关构造需满足混凝土结构设计相关规范要求。

图 2-16 预制剪力墙连接及水平接缝施工图

2. 竖向分布钢筋连接

预制剪力墙在灌浆时宜采用灌浆料将水平接缝同时灌满。灌浆料强度较高且流动性好,有利于保证接缝承载力。灌浆时,预制剪力墙构件下表面与楼面之间的缝隙周围可采用封边砂浆进行封堵和分仓,以保证水平接缝中灌浆料填充饱满。接缝剪力由结合面混凝土的粘接强度、键槽或者粗糙面、钢筋的摩擦抗剪作用、销栓抗剪作用承担。后浇混凝土、灌浆料或坐浆材料与预制构件结合面的粘接抗剪强度往往低于预制构件混凝土的抗剪强度。

目前，套筒灌浆连接方式已被证实可以用于剪力墙竖向钢筋的连接。当房屋高度超过3层或12m时，宜采用套筒灌浆连接。剪力墙的竖向钢筋宜采用梅花形套筒灌浆连接，也可采用单排套筒灌浆连接，如图2-17所示。

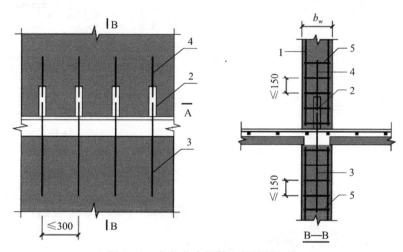

图2-17 竖向分布钢筋连接构造示意

1—上层预制剪力墙竖向钢筋；2—灌浆套筒；3—下层剪力墙连接钢筋；
4—上层剪力墙连接钢筋；5—拉筋

2.2.1.3 装配式混凝土剪力墙的施工方法

在吊装前准备现场堆场，提前将预制墙板运输至现场，保证吊装的施工进度。另外，吊装前根据构件类型准备吊具，准备多点起吊，通过吊装梁并根据不同构件吊点位置对横吊梁的吊点位置进行调整，以保证每个吊点均匀受力，防止吊装时构件因变形而破坏。现场具体施工方法如下：

（1）按照安装图和事先制定的安装顺序进行吊装，依次逐块进行安装，形成一个封闭的外围护结构。吊装预制墙板时，根据墙板上预埋的吊钉数量采用两点或四点起吊。就位应垂直平稳，吊装钢丝绳与构件水平面夹角不宜小于60°。起吊后要缓慢将墙板放置于垫片之上。在墙板底部放置稳固后、预制墙板吊装前，在底部有2cm的坐浆层，先用垫块放至设计标高，在墙板侧面有拼缝，粘贴50mm×50mm×20mm塑料垫块［图2-18（a）］，以保证缝宽均匀及定位精确。

图2-18 装配式混凝土剪力墙施工方法
（a）垫块安装；（b）墙板控制线；（c）垂直度调整；（d）安装完成

（2）吊装前需编制吊装顺序，每块墙板都对应唯一的编号，吊装前在图上标示。预制墙板吊装时，塔式起重机缓慢起吊，吊至作业层上方时，吊装工人拉住预先挂好的缆风绳并控制板下降直到距拼接面1m位置，吊装工人从两端抓住墙板，缓缓下降墙板至初步到位。

（3）吊装前，放好墙板边线、控制线及墙板1m标高控制线，3条控制线控制外墙板的精度，如图2-18（b）所示。预制墙板底部放置稳固后，利用撬棍对墙板位置进行微调，待调整位置至边线后，采用靠尺刻度及吊锤对墙板垂直度进行观察，同时旋转方向调节斜支撑直到尺度达到设计要求，进一步控制墙板位置的精度。待垂直度和位置都符合设计要求后，在墙底部安装定位件固定，以防止垂直度产生偏差，如图2-18（c）所示。

（4）预制剪力墙采用可调节斜支撑固定，上端用螺栓将预制墙板的斜支撑杆安装在预制墙板上的预留套筒连接件上，下端固定在楼板上。其中，斜支撑墙板上固定高度为2.4m，下端连接的铆环距离墙板水平距离为2.4m，安装角度为45°，斜支撑拆除时间为混凝土结构浇筑完成且强度达到1.2MPa以上。预制剪力墙安装完成后，如图2-18（d）所示。

2.2.1.4　竖向钢筋灌浆套筒连接施工方法

预制剪力墙半灌浆套筒灌浆施工质量需要以确保灌浆料拌合物的饱满度为前提，而且在施工过程中需时刻注意有无漏浆的风险。为了改善前述状况，采用一款灌浆饱满度监测器来辅助灌浆施工，相比原来使用橡胶塞或木塞封堵具有较大的优势，具有操作方便、安全可靠、效益显著、经济适用等优点。

该种工艺原理为：半灌浆套筒连接方式中，两根钢筋通过带内槽的钢套筒连接，一端是预制构件内的预埋钢筋通过螺纹连接，另一端是下层结构的带肋钢筋插入套筒。采用专用的压力灌浆设备，将按照一定比例搅拌好的灌浆料注入密闭完好的灌浆连通腔内，使灌浆料拌合物充满套筒与钢筋之间的间隙，灌浆料拌合物硬化后与钢筋的横肋和套筒内壁凹槽或凸肋紧密啮合，从而使钢筋连接后所受的外力得到有效传递。钢筋和半灌浆套筒工作原理如图2-19所示。

在预制剪力墙吊装和支撑到位时，套筒灌浆连接具体施工要点为：

（1）灌浆料使用前，将全部拌合水加入搅拌桶中，然后加入约80%的灌浆干粉料，搅拌至大致均匀（1～2min），最后将剩余的干料全部加入，再搅拌3～4min至浆体均匀。搅拌完成后，静置2～3min排气，消除气泡。

（2）流动性检测、试块制作。灌浆料搅拌完成并静置后，需要进行流动度检验，初始流动度不得低于300mm。每工作班灌浆施工中，灌浆料拌合物现场制作2组、每组3块的40mm×40mm×160mm试块。

（3）在正式灌浆前，各个接头的灌浆孔和出浆孔需要逐个检查，确保灌浆套筒内孔路畅通。除注浆和观测浆体的2个灌浆孔外，其余灌浆孔和出浆孔均安装灌浆监测器，灌浆孔安装的是与监测器配套的透明胶塞，出浆孔安装的是带弹簧的监测装置，如图2-20（a）所示。

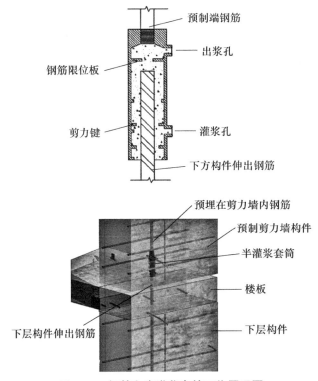

图2-19 钢筋和半灌浆套筒工作原理图

（4）采用低压力灌浆，通过控制灌浆压力来控制灌浆过程浆体流速，控制依据为灌浆过程中本灌浆腔内已封堵的灌浆孔封堵塞、排浆孔的监测器能够耐住压力不脱落为宜，若脱落则立即重新封堵并调节压力。

（5）灌浆应采用一点注浆方式，当注浆遇到问题需要改变注浆点时，应将已封堵的灌浆孔和出浆孔重新打开，待灌浆料拌合物再次流出后进行封堵[图2-20（b）]。当观测浆体的灌浆孔有成柱状浆体流出时，封堵该灌浆孔，继续灌浆。

（6）当仓体所有排浆孔安装的灌浆监测器内均有灌浆料流入，调低灌浆设备的压力，开始保压10~30s后再堵塞最后一个出浆口；拔除灌浆管到封堵注浆孔的时间间隔不超过1s。灌浆作业要在灌浆料加水搅拌后的20~30min内灌完，尽量保留一定的应急操作时间。

(a)　　　　　　　　　　　　　　　(b)

图 2-20　套筒灌浆连接施工要点
（a）灌浆饱满度监测器安装；（b）灌浆施工

2.2.2　装配式混凝土框架——Y 形偏心钢支撑结构

装配式混凝土框架结构的抗侧刚度较弱，不利于在高层建筑结构中使用。Y 形偏心支撑结构的抗震性能和抗侧刚度均较强，可应用于高层建筑结构中，并主要通过耗能段的塑性变形耗散地震能量，震后仅需修复损伤的耗能段即可恢复结构功能。将短剪切型耗能段和 Y 形偏心钢支撑引入全装配式混凝土框架结构中，且梁柱之间采用整体预制节点、梁—梁之间采用铰接节点，得到全装配式混凝土框架——Y 形偏心钢支撑结构。同时，结合装配整体式混凝土框架结构，可得到新型装配式混凝土框架——Y 形偏心钢支撑结构体系，如图 2-21 所示。地震作用下，预期构件损伤仅允许发生在耗能段和装配式混凝土梁端上，即装配式混凝土柱、全装配式混凝土梁柱、钢支撑及其他连接节点均不能发生损伤或破坏。

在该种结构体系中，耗能段与预制梁的连接、全装配式混凝土梁柱 - 钢支撑的节点是实现结构预期功能的关键问题。

2.2.2.1　基于弯剪分离的全装配式混凝土梁—耗能段组合节点

基于弯剪分离的全装配式混凝土梁—耗能段组合节点，如图 2-21 所示，包括全装配式混凝土梁、耗能段、抗剪连接键、抗剪钢板和高强螺杆等。预埋钢板 I 两侧分别焊有两块抗剪钢板和两个抗剪连接键，两块抗剪钢板间距与耗能段外伸端板长度相等，且预埋钢板 I 与混凝土梁在水平方向上设置 2mm 低弹模垫片。

另外，预埋套筒直径相比对穿高强螺栓直径大 2mm。地震作用下，组合节点的剪力经抗剪钢板传至预埋钢板Ⅰ后由抗剪连接键承担，且低弹模垫片可避免受剪方向上预埋钢板与混凝土的接触和损伤。已有研究表明，当十字带侧板型抗剪连接键有足够承载力时，预埋钢板和高强螺杆的水平位移将小于 2mm，保证高强螺杆与预埋套筒不发生接触，且高强螺杆仅承受弯矩，从而实现预期的组合节点弯矩和剪力分离，并使得节点的损伤仅发生在耗能段上。

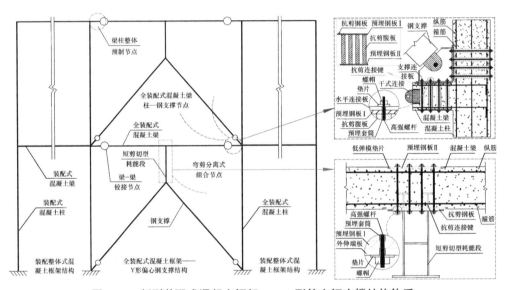

图 2-21　新型装配式混凝土框架——Y 形偏心钢支撑结构体系

2.2.2.2　全装配式混凝土梁—混凝土柱—钢支撑组合节点

全装配式混凝土梁—混凝土柱—钢支撑组合节点，如图 2-21 所示，主要包括预制梁、预制柱、支撑连接板、钢支撑。地震作用下，混凝土梁端剪力和轴力、混凝土柱端轴力—剪力—弯矩、钢支撑经支撑连接板传递的轴力均施加至全装配式混凝土梁柱—钢支撑节点上，并通过抗剪连接键中的抗剪腹板有效传递剪力，竖向对穿螺杆、水平对穿螺杆有效传递轴向力和弯矩。基于此，可有效提高节点的抗震性能并减小构件的损伤，使得该节点在遭遇罕遇地震时仍不发生损伤且有足够的承载能力，具有抗震性能好、震后功能可恢复、装配效率高和施工简单等优点。

合理设计某 12 层新型装配式混凝土框架——Y 形偏心钢支撑结构体系，并采用 Midas 软件进行研究。结果表明，罕遇地震下，当顶层达到最大层间位移角时，各楼层耗能段率先出现剪切铰，且第 1~10 层的耗能段已达到构件失效状态，第 11 层耗能段处于临界倒塌状态，第 12 层耗能段处于直接使用状态，如图 2-22 所示。随后，不带 Y 形偏心支撑的部分纯框架梁开始进行屈服并出现弯曲铰，且第 2~6 层部分框架梁端处于直接使用极限状态，第 1、9 层框架梁处于屈服状态。另外，所有钢支撑以及钢支撑所在跨的混凝土梁均未出现弯曲铰。

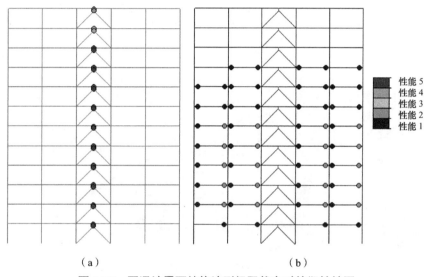

图 2-22　罕遇地震下结构达到极限状态时的塑性铰图
（a）剪切铰；（b）弯曲铰

2.3　临时装配式结构体系

2.3.1　装配式围挡

目前，常见的围挡形式主要包括普通铁皮围挡、简易式围挡、栏杆式围挡、夹心板围挡和砖砌围挡等。其中，普通铁皮围挡的造价低、施工快，但硬度和强度不足，易破损，材料较薄，抗风性差，破损后铁皮薄而锋利、易伤人。简易式围挡，施工快、安装简单，但牢固性差，抗风和抗冲击能力差，易破损。栏杆式围挡造价较低，大多为通透式设计，但现场砌筑与现场焊接作业结合，施工效率较慢，在建筑工地使用较少。夹心板围挡造价低、施工便捷，但面层材料较薄、易脱落，抗风、抗冲击能力差，易破损，材料回收利用率差。砖砌围挡造价较低，用材简单，但现场主要为湿作业，施工进度较慢，建筑垃圾较多，拆除困难，材料不可回收再利用。

装配式围挡符合低碳环保的发展趋势，减少建筑垃圾的产生。同时，装配式围挡施工快、质量好、可重复利用、材料可回收，考虑基础简化处理后，每平方米造价大幅度下降。装配式围挡主要包括预制基础、钢结构立柱、轻质隔墙面板，如图2-23所示。主要特点为：

图2-23　装配式围挡

（1）简洁美观。立柱及面板可根据客户需求及周围环境采用不同颜色、不同样式，也可以根据需要粘贴宣传标语及图案。

（2）施工便捷。标准化设计，工业化生产，装配化安装。尺寸与工艺实现标准化生产和标准化拼接安装，施工现场拼接式安装，施工便捷。

（3）低碳环保。装配式围挡可重复回收利用，挡板设计使用寿命长，日常维护率低，周转次数为2～3次，有效推进建筑垃圾减量化，是一种低碳环保型产品。

（4）适用范围广。针对不同需求，既适用于施工工地临时围挡，也适用于工业小区永久性围挡，还适用于市政工程永久性围挡等各类环境。

2.3.2 装配式岗亭

装配式岗亭是一种绿色低碳房屋，主体结构采用预制装配式轻钢轻板绿色建筑体系，屋顶轻质、防水，为交警执勤提供良好的工作环境，如图 2-24 所示。该岗亭预制装配化率达到 100%，建设过程中无湿作业，低碳、节能、环保。以钢柱为基本结构材料，两侧安装预制内、外墙板，中间填充具有保温隔声性能的岩棉或轻质混凝土，经工厂产业化生产成各种规格的墙板，形成标准化建筑部件，通过现场快速装配而成。

图 2-24　装配式岗亭

该种装配式岗亭中，需重点关注预制混凝土楼板—外墙板干式连接和预制外墙板—钢柱干式连接，如图 2-25 所示。

预制混凝土楼板—外墙板干式连接［图 2-25（a）］，主要包括预制外墙板和预制混凝土楼板。其中，预制外墙板顶部的右侧设置有左侧开设有开槽口的预制混凝土楼板，并通过锚固板上的支撑钢板直接插入预制外墙板的内部，以及配合预埋套筒和高强螺栓，从而有效提高预制外墙板与全装配式混凝土楼板间的施工速度，减少湿连接作业，提高结构的装配率。

预制外墙板—钢柱干式连接［图 2-25（b）］，包括预制外墙板和钢柱，钢柱与预制外墙板之间设置多个带锚固预埋钢筋的预埋锚板。该预制装配式外墙板采用钢柱干式连接装置，通过锚固杆的旋转，利用拉拔定位的旋转卡接，并配合高强螺栓对钢柱进行定位，有效提高施工安装时的速率，使其结构的稳定性高，具有连接可靠、快速施工和快速拆卸等优点。

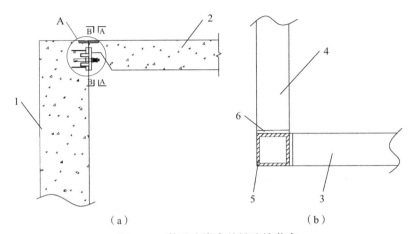

图 2-25　装配式岗亭关键连接节点

（a）预制混凝土楼板—外墙板干式连接；（b）预制外墙板—钢柱干式连接

A—防水剂；1—预制外墙板；2—预制混凝土楼板；3、4—预制外墙板；5—钢柱；6—预埋锚板

2.4　装配式结构体系中的其他内容

2.4.1　装配式铝合金模板

在装配式混凝土建筑施工过程中，需搭设拆除作业方便、适应性强、可周转循环使用、摊销成本低的临时支撑系统，如图 2-26 所示。铝合金模板具有施工效率快、重复利用率高、拆模之后外观平整等优点，具有较高的应用和推广价值。

装配式铝合金模板（以下简称铝模板）施工时，主要存在以下问题：

1. 施工层中容易产生空间碰撞

装配式建筑与铝模板在施工层上大部分采用双排斜撑方式，而装配式建筑墙板的斜撑与铝模板斜撑的空间往往产生冲突，墙板斜撑安置容易导致铝模板斜撑缺少安置空间，并出现缺漏个别铝模板斜撑的现象，尤其是在转角或斜撑密集区域。

图 2-26　装配式铝合金模板

2. 加工精度要求低，导致效率低、安装困难

由于装配式建筑和铝模板两种工艺自身的复杂性，预留螺栓孔尺寸往往存在较大偏差，导致铝模板后期现场开孔，并且预制板施工时的既有误差也会导致铝模板在已经开孔的下一层仍然无法正确对位，进而使外墙连接件安装困难。

3. 装配式建筑预制构件与铝模板接缝处理难度较大

由于装配式建筑构件与铝模板之间很容易出现尺寸偏差，容易出现纵横向接缝不平直现象。如果在铝模板上下墙体接缝处未下挂 K 板和地脚螺栓，会出现墙底烂根问题，并在拆模后容易出现漏浆现象。在现浇段中一般采取 PCF 形式，导致模板在墙阴角处缺少竖向支撑和出现下垂现象，由此产生爆模现象。

因此，在装配式铝模板设计阶段，需采用以下质量保证措施：

（1）在设计过程中，结合铝模板的加工尺寸，为其预留出足够大的调整间隙。在具体施工阶段，根据施工项目标准层层高确定具体误差大小，进而对构件与铝模板相连接时的间隙加以确认，并选择合理的橡胶条进行填充。

（2）在装配式建筑与铝模板之间，一般采用可调式连接压扣，且实现硬连接时应确保两者间距在 400mm 以内。采用套管进行螺杆外侧的加固工作，同时应在套管处安装防止漏浆的橡胶垫片。

（3）对于铝模板支撑加密和碰撞进行优化和加固。对铝模板的斜撑和模板底部进行加密，并在墙阴角处增设竖向支撑，以降低外墙爆模的风险。另外，通过优化铝模板斜撑数量、增加墙板底部连接件，解决斜撑多和空间碰撞问题。

2.4.2 预制构造柱施工方法

传统结构中构造柱施工工序复杂，需要现场加工绑扎钢筋笼、支设模板和现场浇筑混凝土并养护等工序。由于现场钢筋、模板加工以及混凝土浇筑狭小和工人意识薄弱等原因，导致构造柱混凝土浇筑口无法封闭、浇筑成型质量观感差、振捣不充分而出现蜂窝麻面、现场积水等问题。为提高构造柱施工质量和速度，结合装配式建筑施工特点，提出预制构造柱，可有效简化施工工序，提高构件质量，解决蜂窝麻面等问题，并有效减少施工成本和缩短施工工期等，具有推广和应用前景。

该种工艺的原理为：如图 2-27 所示，依据图纸建立 BIM 模型，对构造柱进行深化设计；通过 BIM 模型准确定位水平拉结筋位置和主体结构植筋点位，保证水平拉结筋砌筑到墙体水平灰缝内。同时，预制构造柱纵向外伸钢筋与构造柱安装位置主体结构植筋钢筋中心线间距 $\leqslant d+3\mathrm{mm}$，确保焊接钢筋紧密接触。预制构造柱上下部外伸纵筋与构造柱安装位置主体结构植筋，通过钢筋搭接焊接方式与主体结构连接形成整体，焊接部位使用细石混凝土浇筑封闭。

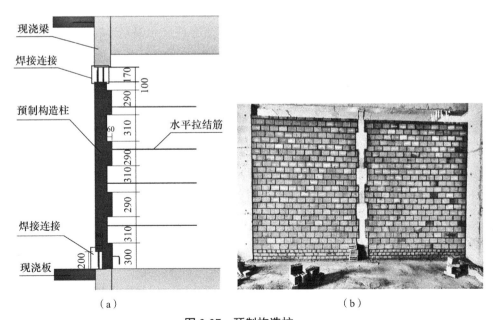

图 2-27 预制构造柱
(a) 工艺原理；(b) 预制构造柱现场图

预制柱具体施工要点为:

(1) 依据设计图纸创建预制构造柱 BIM 模型并进行优化调整,保证模型与设计图纸的一致性,如图 2-28(a)所示。根据 BIM 模型检查施工图纸,及时处理发现的问题,并减少构造柱规格种类和工厂模具使用,最大限度地提高模具周转使用率。

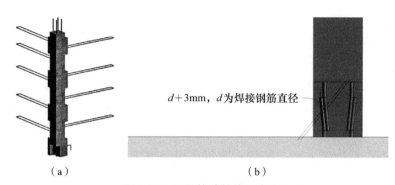

图 2-28 预制构造柱施工方法
(a) 工艺原理;(b) 预制构造柱示意图

(2) 精准调整定位构造柱水平拉结筋位置,以便砌筑时砌筑到墙体水平灰缝内;精确定位主体结构植筋点,确保构造柱安装位置植筋与预制构造柱纵向外伸钢筋中心线间距 $\leqslant d+3mm$,如图 2-28(b)所示,以保证后期焊接施工质量。

(3) 使用测量仪器放出轴线和控制线,弹出墙柱位置线、墙柱辅助控制线、预制构造柱位置线和植筋点位。确定植筋点位置,注胶前先排掉前端未充分混合的胶体,从孔底至孔深 2/3 处注胶。植筋后在胶体未达到固化期前,应静置养护。

(4) 预制构造柱安装位置铺设坐浆料,预制构造柱相邻两侧采用斜支撑安装固定,使用测量仪器检测预制构造柱的垂直度和平整度,并通过斜支撑进行调整。安装时,需调整预制构造柱上下部外伸钢筋,应使其与主体结构植筋紧密接触。

(5) 预制构造柱焊接完成后,根据设计图纸要求对厨房、卫生间反坎支模并浇筑细石混凝土,混凝土反坎高度一般为 300mm。由木工对钢筋焊接部位支模并留设喇叭口,使用细石混凝土浇筑并振捣密实。

(6) 砌块灰缝厚度为 8~12mm,灰缝应饱满、横平竖直、薄厚均匀。水平灰缝饱满度不应低于90%，垂直灰缝饱满度不应低于80%。砌筑时将构造柱水平拉结筋砌筑到水平灰缝内。砌筑完成后对灰缝边砌筑边勾缝，保证灰缝光滑密实。

2.4.3 装配式建筑防雷接地

由于装配式混凝土结构中预制混凝土柱的纵筋一般采用套筒灌浆连接，钢筋与钢灌浆套筒之间隔着灌浆料从而导致钢筋之间不连续，无法形成电气通路，无法达到系统性雷电防护设计的需求。然而，预制构件在施工现场一般不允许凿洞、开槽，以避免损伤预制构件，故需要通过特殊设计保证预制构件的电气通路。

在防直击雷措施方面，装配式建筑与现浇建筑相同，均通过屋顶设置接闪器，利用柱内钢筋作为防雷引下线，上下层预制柱间钢筋通过柱脚预埋两根镀锌扁铁，与现浇预埋扁钢焊接形成连续的电气通路，从屋顶一直传导至基础。最后，借用建筑物基础内的钢筋作为接地极，保证接闪器、引下线及接地极之间通长连接。

装配式建筑防雷基本施工步骤包括：

（1）根据布置图确定需要预埋的位置，并准备相应的辅材。

（2）在梁柱现浇节点区域内放置两根预埋镀锌扁铁 PL4×40。

（3）预埋镀锌扁铁与下层预制柱内引下线主筋进行双面焊接，且焊接长度不小于100mm，如图2-29所示。

（4）对预埋镀锌扁铁伸出节点区域进行保护，以免浇筑节点区域时污染了伸出节点外的镀锌扁铁。

（5）在上部预制柱安装到位后，将上层预制柱内预埋镀锌扁铁与现浇节点区域预埋镀锌扁铁进行焊接，从而形成电气通路。

另外，防雷引下线现场安装时，需满足以下规定：

（1）防雷引下线的布置、安装数量和连接方式应符合设计要求。明敷的通过观察检查，暗敷的施工过程中观察检查并查阅隐蔽工程检查记录。

（2）防雷引下线必须采用焊接器或卡接器连接，防雷引下线与接地装置必须采用焊接或螺栓连接。

图 2-29　预制柱的防雷接地图

第3章 装配式混凝土构件标准化设计

3.1 基本设计原则

标准化设计是发挥装配式混凝土建筑技术优势的重要基础，是实现建筑工业化生产建设的重要前提，也是实现装配式建筑技术可行性和经济合理性的重要保证。标准化设计的主要目标是实现预制构件的少规格、多组合，即可减少构件规格以及提高构件模板的重复使用率，进而有利于预制构件的生产制造与施工，提高生产速度和劳动效率，从而降低装配式混凝土建筑的造价。

3.1.1 基本原则

1. 平面设计

装配式混凝土建筑需通过平面梳理，使其各项功能和设计与施工更容易实施。例如，建筑户型要尽量规整，有利于构件预制、减少构件数量与种类；各楼层尽量采用标准层，可提高构件复制率；各楼层中开间要尽量统一，可使预制构件的长度基本相同，提高构件的统一性。

2. 立面设计

通过对装配式混凝土建筑立面进行设计优化，运用协调原则，采用集成或模块化的技术，可有效减少预制构件种类和进行构件多样化组织，进而实现建筑立面的个性化、多样化设计。立面设计具体包括：

（1）建筑立面应规整，外墙竖向无明显变化，且开洞位置相同。在不影响销售的前提下，减少装饰构件及不必要的线条，且尽量避免复杂的外墙构件。

（2）立面底部加强区，可采用可变的入口造型；中间标准层竖向统一，避免不必要的装饰构件；顶部如采用现浇，造型可多样化。

3.1.2 基本要求

预制构件的标准化设计应符合下列要求：

（1）预制梁、预制柱、预制外承重墙板、内承重墙板、外挂墙板等在单体建筑中规格少，在同类型构件中具有一定的重复使用率。

（2）预制楼板、预制楼梯、预制内隔墙板等在单体建筑中规格少，在同类构件中具有一定的重复使用率。

（3）外窗、集成式卫生间、整体橱柜、储物间等室内建筑部品在单体建筑中重复使用率高，并采用标准化接口、工厂化生产、装配化施工。

（4）预制构件设计应综合考虑对装配化施工的安装调节、施工偏差配合和其他相关要求。

3.1.3 标准化率

装配式混凝土建筑的标准化率主要包括部品部件标准化率、单体建筑标准化率和项目标准化率。

（1）部品部件标准化率。装配式混凝土建筑的标准化需要通过部品部件的标准化来实现，具体部品部件包括主体结构部件、围护结构部品、内部及设备管线部品。相应标准化率等于各部品部件的标准件数量与总数量的比值，其中，总数量等于标准件数量和非标准件数量之和。

（2）单体建筑标准化率。与单体建筑的装配率相关，等于单体建筑中各类标准化部品部件之和与总部品部件数量之和的比值，并乘以相关放大系数。其中，结构体系的选择对部品部件标准化率有较大的影响。当标准化部品部件数量越少、部品部件数量越多，则单体建筑的标准化率就越高。

（3）项目标准化率。对于整个装配式项目，部品部件已经不再局限于某单栋建筑使用，而是在整个项目的其他建筑中也被重复使用。项目标准化率为整个项目中标准化部品部件之和与总部品部件数量之和的比值，是反映装配式混凝土建筑装配率的重要参数。

3.2 预制构件的拆分与深化设计

3.2.1 拆分基本要求

装配式混凝土结构的拆分应考虑结构合理性，选择应力较小或变形不集中的部位进行预制构件拆分。当无法避免时，必须采取有效加强措施。预制构件拆分应符合环境条件和制作、施工条件，并充分考虑预制构件的运输、安装等各环节对预制构件的限制，遵循受力合理、连接简单、施工方便和少规格、多组合、标准化设计原则，统一和减少构件规格及连接节点种类。

预制构件在拆分时需主要考虑以下因素：

（1）构件生产方面。构件生产时，需考虑厂家起重机效能、台模或生产线尺寸。例如，工厂行车的起重量一般为12~24t，故单个构件不能超过该重量。

（2）构件运输方面。运输时需考虑限高、限宽、限重、道路路况等。运输超宽尺寸限制在2.2~2.5m；依据车辆不同，长度最长不超过15m。

（3）现场吊装方面。施工现场需充分考虑塔式起重机或汽车式起重机的吊装能力。其中，塔式起重机起重量一般小于10t，汽车式起重机起重量一般在8~16t。

（4）形状与装配率方面。预制构件拆分时需考虑形状特点、装配率等要求。

（5）其他方面。建筑外立面混凝土构件的建筑功能和艺术效果。

3.2.2 拆分具体原则

3.2.2.1 预制柱的拆分

预制混凝土柱宜按层高进行拆分，即拆分为单节柱。当梁柱节点采用现浇时，每根预制柱的长度为一层层高，预制柱底主要采用套筒灌浆连接。预制柱拆分时，需保证柱垂直度的控制调节，简化预制柱的制作、运输及吊装，保证质量。

当楼层层高较高时，也可按照多楼层将柱拆分为多节柱，但应保证吊装过程中钢筋连接部位不变形。另外，在全装配式混凝土结构中，当梁柱采用整体预制时，预制柱均在楼层中间处断开，此时套筒灌浆连接设置在柱中位置处。

3.2.2.2 预制梁的拆分

装配式混凝土框架结构中的梁包括主梁和次梁。预制主梁可按其跨度在梁端拆分，也可在荷载较小处进行拆分。当在预制梁端拆分时，梁纵向钢筋套管连接位置距离柱边不宜小于梁高，不应小于梁高的一半。预制梁凹槽以及抗剪键的设置应符合《装配式混凝土结构技术规程》JGJ 1—2014 的相关规定。

在主梁与次梁交界处，也需要对框架梁进行拆分；两者之间的现浇区，其长度按框架梁底筋搭接长度确定。当框架梁与两个方向的次梁皆有连接，且次梁间距较小时，两根次梁中间区域可全部设置为现浇区。

3.2.2.3 预制剪力墙的拆分

剪力墙外墙拆分形式包括整间板方式、窗间墙条板方式、L 形或 T 形立体墙板方式。其中，整间板方式为剪力墙与门窗、保温和装饰一体化形成整间板，在边缘构件处进行现浇混凝土连接；窗间墙条板方式：剪力墙外墙的门窗间墙采取预制方式，与门窗洞口上部预制叠合连梁同剪力墙后浇连接，窗下采用轻质预制墙板，窗间墙、连梁与窗下墙板用拼接的方式形成门窗洞口；L 形或 T 形立体墙板方式：剪力墙外墙的窗间墙连同边缘构件一起预制，形成 L 形或 T 形预制构件，窗洞口上部预制叠合连梁同剪力墙后浇连接，窗下采用预制墙板，用拼接的方式形成窗洞口。

另外，剪力墙内墙拆分一般采用整间板的拆分方式。剪力墙内墙板连同顶部连梁一起预制，水平方向在后浇节点区进行连接。

3.2.2.4 预制楼板的拆分

楼板按单向叠合板和双向叠合板进行拆分。拆分为单向叠合板时，楼板沿非受力方向划分，预制底板采用分离式接缝，并可在任意位置拼接。拆分双向叠合板时，预制底板之间采用整体式接缝，接缝位置宜设置在叠合板的次要受力方向上且该处受力较小，预制底板底部采用钢筋连接，并设置300mm宽后浇带。

为方便运输，预制底板宽度一般不超过3m，跨度一般不超过5m。在一个房间内，预制底板应尽量选择等宽拆分，以减少预制底板的类型。当楼板跨度不大时，板缝可设置在有内隔墙的部位，且施工完成后无须处理。预制底板的拆分还需考虑房间照明位置，拆分时应避开灯具、接线盒或吊扇的位置。当有管线穿过时，需考虑避免与钢筋或桁架筋的冲突。

3.2.2.5 外挂墙板的拆分

外挂墙板是装配式混凝土框架结构中的非承重外围护挂板，其拆分仅限于一个层高和一个开间。外挂墙板的几何尺寸要考虑到施工、运输和安装等条件，当构件尺寸过长、过高时，主体结构层间位移对其内力的影响也较大，可能造成不必要的破坏。另外，外挂墙板拆分的尺寸应根据建筑立面的特点，将墙板接缝位置与建筑立面相对应，既要满足墙板尺寸控制要求，又要将接缝构造与立面要求结合起来，使其与主体结构进行可靠连接。

3.2.2.6 预制楼梯的拆分

剪刀楼梯宜以一跑楼梯为单元进行拆分。为减少预制混凝土楼梯板的重量，也可考虑将剪刀楼梯设计成梁式楼梯，但不建议为减少预制混凝土楼梯板的重量而在楼梯板中部设置梯梁，因为采用这种拆分方式时，楼梯安装速度慢且连接构造复杂。双跑楼梯半层处的休息平台板，可以采用现浇、与楼梯板一起预制以及做成60mm预制、70mm现浇的叠合楼板等形式。另外，预制楼梯板宜采用一端铰接一端滑动铰的方式连接，其转动及滑动变形能力要满足结构层间变形的要求，且预制楼梯端部在支承构件上的最小搁置长度应符合要求。

3.2.3 深化设计基本规定

3.2.3.1 基本规定

装配式混凝土结构中，需对各预制构件拆分后进行深化设计，基本规定包括：

（1）预制外墙板尽量不做水电开关等预埋件预埋。厨房卫生间开关、管线等预埋件相对集中的地方宜采用填充墙或者避开边缘构件放到混凝土现浇部位布置。在进行结构设计计算时，应对剪力墙内墙的结构布置方案进行优化。

（2）对主次梁预制时，可选择主梁现浇次梁预制、预制主梁和次梁且在主梁上预留次梁钢筋；主次梁部分预制，采用全灌浆套筒连接；主次梁预制，连接部位采用现浇；主次梁预制，在预制主梁上预埋连接件和预制次梁采用干式连接。

（3）外墙连梁通常与外墙一起预制。预制墙板通常采用半灌浆套筒与底部连接。空调板一般采用全预制，伸出底座钢筋锚入预制叠合板后浇层中。预制空调板应搭接到预制墙或预制梁上，搭接长度宜为 10～25mm。

（4）梁纵向钢筋不采用灌浆套筒连接时，现浇部位宜采用无收缩混凝土。钢筋连接部位宜在梁跨度的 1/4～1/3 处。采用弯折互锚的形式，交接处应附加短筋。当构件钢筋保护层厚度超过 50mm 时，应对保护层采取有效的构造措施。

（5）预制构件现浇部位长度不宜小于 300mm，以方便钢筋绑扎施工。预制构件中外露预埋件凹入构件表面深度不宜小于 10mm。预制墙板长度一般在 2m 以上，小于 1m 的墙板最好选择现浇。

3.2.3.2 深化设计与各专业的关系

装配式混凝土结构中预制构件的设计又称为装配式建筑深化设计，是指将传统模式的建筑设计依据各类设计规范拆分为装配式混凝土构配件的一种设计方法。装配式建筑深化设计需要整合建筑、结构、机电、装修等各专业的信息，并融合构件生产、运输、安装、现场施工、成品保护等要点的设计方式。

1. 深化设计与建筑设计的关系

预制构件的深化设计应在建筑方案设计阶段介入，从装配式混凝土结构的视角对建筑方案提出建议，优化建筑设计方案，合理控制建筑布局，如预制构件拆分对外立面、外饰面材料、容积率、保温形式等的影响，从而降低建筑成本。

2. 深化设计与结构设计的关系

在结构设计阶段，应综合考虑后期各类预制构件深化设计需求，进行结构方案的合理布置，如预制混凝土暗柱的位置、叠合楼板开洞、预制混凝土梁板布置、预制混凝土梁高等。

3. 深化设计与其他专业的关系

预制构件的深化设计应与暖通、给水排水、机电、装修等各专业沟通，并商定预制构件的细部构造，避免出现各专业管线碰撞与冲突等，增加设计负担和建造成本。

4. 深化设计与构件生产、运输、安装、现场施工、成品保护的关系

预制构件的深化设计应考虑其生产、堆放、运输、施工、运维等各个环节的可操作性，如构件的生产流程、构件脱模、生产平台尺寸、起吊设备。此外，预制构件深化设计还应考虑经济性、人工消耗等问题。

3.2.4 基于 BIM 的深化设计理论

1. 构件拆分优化

装配式建筑节省成本的关键在于设计中模数化和标准化的应用，强化构件的功能及性能指标，在拆分构件时遵循规格少、组合数目多的实施原则，结合受力、制作、吊装、施工的合理化，达到合理化拆分。设计中的单一标准产品越多，需要定制的模具越少，单个模具可重复性越高。利用 Revit 建立建筑结构模型，对垂直构件、水平构件和非受力构件进行标准模块化拆分，如图 3-1 所示。在满足整体布局不变的情况下，分析探讨构件的吊装、加工和运输能力，按建筑模数把预制外墙板拆分为宽度分别为 1200mm 和 2400mm、高 3500mm 的预制外墙板，全预制楼板按照大板进行拆分，降低开模成本。

2. 辅助装配率计算

考虑预制构件拆分的 BIM 模型具备较为准确提供项目主体结构、围护墙、内隔墙、机电管线等工程量的功能，可以方便地进行装配率计算，节约计算时间，提高计算精度。通过模型预制构件的调整确定最终的预制实施方案，在时间、成本和施工便利性之间实现最优。

3. 基于生产和施工一体化深化设计

根据项目施工图及拆分的节点大样，运用 Tekla 对构件进行深化设计，包含构件的外轮廓及节点连接方式、钢筋设计、混凝土等级、构件重量等基本信息，同时根据生产、运输、施工各阶段工艺技术要求，考虑包括拆模、吊装、运输临时固定、安装时的临时支撑、节点拉模等辅助功能的预留预埋。

第 3 章 装配式混凝土构件标准化设计

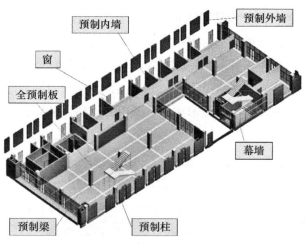

图 3-1　预制构件拆分

4. 标准化构件出筋布置

项目利用 Tekla 中插件载入需要的各类预制构件钢筋样式，通过调整钢筋参数来控制钢筋之间的位置以及钢筋保护层的厚度完成构件钢筋的配置。从全局入手，深化调整各构件的钢筋位置、间距及锚固长度，达到梁柱钢筋、梁梁钢筋、梁板钢筋不发生碰撞，满足设计要求，可达到共模、方便生产的目的。针对梁柱节点，按照主梁底筋最大直径 25mm 进行模拟标准化，三根主梁和四根主梁交汇处的节点均可采用标准节点，避免因为碰撞而随意调整，最后由于中间环节的疏漏造成无法安装的情况，很好地解决了钢筋碰撞问题，如图 3-2 所示。同时最大限度地减少模具的种类，节约了生产成本。

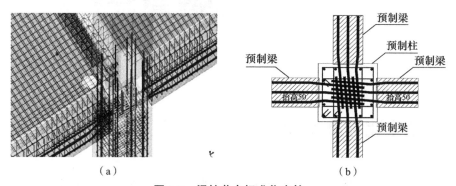

图 3-2　梁柱节点标准化出筋
（a）Tekla 三维模型；（b）标准化节点俯视图

5. 构件水电预留预埋设计及防雷设计

项目对于构件涉及机电、给水排水专业的预留预埋进行一体化设计。在防直击雷措施方面，如图 3-3 所示，装配式建筑与现浇建筑相同，均通过屋顶设置接闪器，利用柱内钢筋作为防雷引下线；上下层预制柱之间钢筋通过柱脚预埋两根镀锌扁铁，与现浇预埋扁钢焊接形成连续的电气通路，从屋顶一直往下传导直至基础。

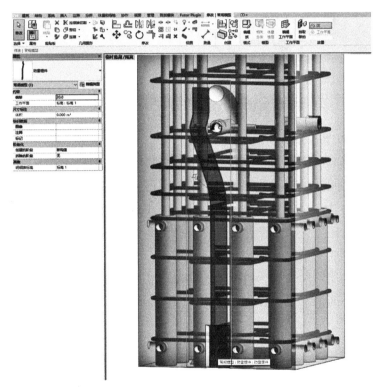

图 3-3 构件防雷设计

3.3 数字化标准设计

标准化设计作为装配式混凝土建筑的首要特征，是装配式混凝土建筑构件生产及施工的必要前提，具有提高品质、缩短工期、提高效益、降低成本等优点。

3.3.1 数字化设计基本内容

数字化技术对装配式混凝土建筑的结构设计、构件生产、智能建造带来全方位的变革。数字化的影响主要体现在以下方面：

（1）数字化设计技术。基本 BIM 软件关联和共享装配式混凝土建筑信息，并实现建筑、结构、机电、给水排水、暖通等多个专业的协同设计，保证各专业数据的一致性，并建立标准化数据库。

（2）数字化生产技术。数字化生产技术主要实现装配式混凝土建筑由设计到生产的过程，使各类预制构件能够实现一体化生产，且预制工厂在数字化技术的协助下，自动优化管理，有效降低人工成本。

（3）数字化装配技术。数字化装配技术主要是为了实现施工平面和各功能区的动态优化配置，借助三维模型实现可视化管理，以及完成工艺工序的模拟优化，进而提高各预制构件的装配效率和施工时的安全性。

3.3.2 标准化定量方法

依据装配式建筑标准化设计"减少构件类型，实现构件组合多样化"的基本原则，减少构件类型和提高构件重复数量是实现工业化生产和高效装配的必要条件，并最大限度地降低生产成本、提高生产效率。构件标准化定量评价主要立足于方案设计阶段，以建筑构件为基本对象，量化构件数量与种类数量之间的关系，由此建立系统的定量化指标体系，从而准确地反映装配式建筑构件标准化程度。

3.3.2.1 构件标准化率

构件标准化率是指单位建筑项目中重复构件的数量与构件总数量的比值，它最直观地反映构件数量的重复性水平，即构件种类数越少，构件重复基数越大，构件标准化率越高，对应建筑构件的标准化程度越高。

构件标准化率的计算公式为：

$$R_a = \sum_{i=1}^{n}(R_i - 1) / \sum_{i=1}^{n} R_i \times 100\% \qquad (3-1)$$

式中，R_a——构件标准化率（%）；

R_i——各种构件的数量；

i——构件种类数，其值取 1，2，3，5，6，…，n。

通过对构件标准化率的计算，可在方案设计阶段准确掌握建筑构件的标准化程度，为标准化设计提供数据支撑，并可以通过早期设计优化提升整体标准化水平，同时也有利于提高构件生产、运输和装配等阶段的生产效率和经济性。

3.3.2.2 构件重复化率

构件重复化率是指单个装配式项目中，重复性构件种类数与构件种类数的比值。构件重复化率指标能从构件层面反映该类构件占比情况，该值越大，表示构件重复化率越高，反之则越低。构件重复化率主要是为了有效避免装配式建筑方案设计过程中，可能出现某些零星且不具有重复数量的构件情况，并且该指标能够直观反映整个项目中构件重复性情况。

构件重复化率的计算公式为：

$$R_t = \sum_{i=1}^{n} K_i / i \times 100\% \quad (3-2)$$

式中，R_t——构件重复化率（%）；

K_i——重复性构件种类数；

i——构件种类数，其值取 1，2，3，5，6，…，n。

3.3.2.3 构件重复性系数

构件重复性系数是指某装配式建筑构件总数与构件种类数的比值，它表示构件整体重复数量的平均值，并将单一类型构件总数与构件种类数相关联。当构件总数相同时，构件种类数越少，构件重复性系数越大，反映这类构件的标准化平均水平越高，有利于装配式建筑标准化设计需求。

构件重复性系数的计算公式为：

$$R_c = \sum_{i=1}^{n} M_i / i \times 100\% \quad (3-3)$$

式中，R_c——构件重复性系数；

M_i——该类构件中各种规格构件的数量；

i——构件种类数，其值取 1，2，3，5，6，…，n。

3.3.2.4 构件标准化系数

单个项目的标准化构件是指某种类型构件中,重复数量达到一定基数的构件。构件标准化系数指某类型建筑构件群体中标准化构件数量与该类构件总数的比值,它直接反映某类型构件中标准化构件的数量占比和标准化程度。构件标准化系数能够反映不同构件系统的标准化构件所占的比例,可反映装配式建筑构件整体的标准化水平,并为未来装配式建筑标准化评价提供新思路。

构件标准化系数的计算公式为:

$$R_s = T / \sum_{i=1}^{n} R_i \times 100\% \quad (3-4)$$

式中,R_s——构件标准化系数(%);

T——标准化构件数量;

R_i——该种构件的数量;

i——构件种类数,其值取 1,2,3,5,6,…,n。

3.3.3 标准化设计技术

3.3.3.1 总体目标

装配式混凝土建筑标准化设计时,应遵循以下目标:
(1)宜选用大开间、大进深的平面布置,以增加建筑布局的灵活性。
(2)各户型中南阳台较多为镜像关系,可考虑调整为平移复制关系。
(3)装配式楼梯、阳台、空调板、凸窗宜采用标准化产品,且凸窗位置可考虑居中布置。
(4)厨房、卫生间的尺寸规格、布置相近时,可以将其规格归并统一。
(5)提高每一项内装部品部件的标准化程度,且厨房和卫生间等平面尺寸满足标准化整体橱柜和卫浴的要求。

3.3.3.2 平面标准化设计技术

1. 平面标准化设计方法

(1)模数和模数协调。模数和模数协调是实现装配式建筑标准化设计的重要基础，它涉及设计、生产、施工全过程。以基本模数为基础，以开间、进深、高度为参照，可实现建筑主体结构、内装和内部构件等尺寸协调，由此进一步实现规格化、定型化生产。

（2）模块和模块组合。模块具有可组合、分解和更换等功能，可满足模数协调的要求。设计时应采取通用化构件部品，使各模块能与主体构件和内装尺寸相协调，如图3-4所示。标准化模块可为工厂预制生产和现场安装创造条件。

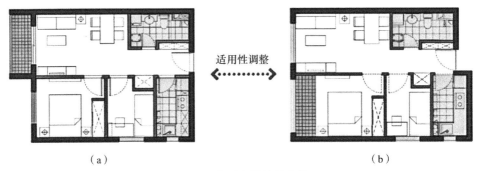

图3-4 户型和模块的优化
（a）阳台作为独立构件外置；（b）内置后阳台成为室内部品

（3）套型模块组合。在装配式混凝土建筑中，不能把标准化和多样化进行对立，需以基本套型为模块进行组合设计，在标准化设计过程中实现建筑的多样化和个性化。模块组合是根据模块接口进行组合，关键是模块和接口的标准化、通用化。因此，模块设计时需确定模块设计原则，并建立模块化系统。

（4）标准模块组合。装配式混凝土建筑是由不同标准模块组合而成，它通过合理的平面组合形成不同的平面形式。其中，建筑标准化是运用套型模块化的设计，从单元、户型、平面和立面对结构进行精细化设计。例如，在装配式混凝土剪力墙结构设计时，宜优先采用由套型模块组合的单元进行规划设计。

2. 平面标准化设计原则

（1）模块构成的多样化。模块构成的多样化主要体现在设计理论的创新、模数的协调规则、模块间接口的标准化等。装配式建筑要实现户型的多样化和可变性，就应创新设计理论，并进行各专业之间的协调。另外，平面标准化模数的协调规则为开间不变、进深延伸扩展。模型设计时还应采用相同尺寸的通用边界，以便模块间的协同拼接。

（2）模块空间的多样化。由于模块空间本身由模块组成，具有较高的灵活性，可简单实现功能的多样化。模块单元可以按照建筑功能的需要进行拓展，尽量实现各模块空间功能的复合利用，并考虑内部空间的灵活性、适用性和可变性，以满足不同用户空间需求的多样性。

（3）模块组合的多样化。模块组合要尽量多样化，以减少构件类型和规格，同时最大限度地满足使用和空间要求，使装配式建筑能更好地满足总体规划的要求。通过模块间的多样化组合，装配式建筑还可以适应不同的规划要求，组合出多种形式的标准建筑。

3.3.3.3 立面标准化设计技术

1. 立面标准化设计方法

（1）基于预制外墙集成设计实现多样化。装配式混凝土建筑中，预制外墙板中的门窗、阳台、空调板和其他装饰构件等在满足立面要求的情况下，有较大的立面自由度，并实现多元化门面设计效果。预制外墙装饰构件宜结合外墙板的整体设计，加强连接处的构造，使其满足安全、防水及保温等要求。

（2）基于饰面多样实现多样化。通过预制外墙板上不同的装饰混凝土、涂料、面砖、石材等耐久性和耐候性良好的建筑材料，通过不同外墙构件的灵活组合，使装配式混凝土建筑立面特征多样化。另外，如图3-5所示，各种装饰材料需采用反打技术预制在外墙板的外端，不宜采用后贴面砖、后挂石材的工艺方法。

图 3-5　瓷砖反打

（3）其他方式实现立面多样化。在保证装配式建筑通风、采光等设计要求的前提下，可通过调整立面分格、门窗尺寸等方式呈现标准化、多样化的立面设计。另外，还可以通过一字形、L形等标准化阳台形式，对建筑立面进行立体扩展，形成丰富多样的阳台、空调板设计。

2. 立面标准化设计原则

装配式混凝土建筑立面标准化设计时，可结合当地的气候环境条件和文化特点、建筑功能和建筑材料、建筑空间组合、建筑光影的塑造、建造工艺与结合的表达等方式，用平面、弧线、曲线形阳台，或其他多种方式的立面效果，组合出结构美、空间美、功能美和非装饰的美，并将标准化和多样化的协调统一进行充分表达。

3.3.4 基于 BIM 的标准化设计

3.3.4.1 基于 BIM 的各专业建模

传统设计人员主要采用 CAD 软件将建筑图纸绘制在二维平面上，单一节点可能需通过多张大样图纸表达。基于 BIM 平台的装配式建筑设计能够实现土建专业图纸的整合，它主要利用 Revit 软件将二维的建筑图纸转化为三维设计，从而直观地发现建筑图与结构图之间可能存在的问题，并在设计时进行一体化优化。因此，基于 BIM 平台可使设计的项目从开始就考虑预制构件的拆分，建筑模型方面主要针对内隔墙、门、窗、幕墙等；结构模型主要包括预制柱、预制梁、全预制楼板等；机电模型主要涉及电气、给水排水、暖通、智能化，在建模阶段对不同的系统、管道材质、系统缩写、布管配置设置不同的颜色，如图3-6所示。

另外，传统土建、机电设计导致的问题一般在施工过程中才会显现出来，结果造成施工材料的浪费，增加施工成本，且影响施工进度。建筑内部机电管线管道及管道附件数量较为庞大，利用 Revit 软件分别对土建、机电等专业的模型进行检查优化，形成各专业设计优化报告，对各专业模型进行同步调整。

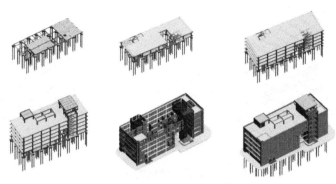

图 3-6　Revit 土建建模

3.3.4.2　构件、钢筋笼一体化标准设计

构件和钢筋笼的一体化标准设计是对预制构件完整生产流程的设计，可高效实现工业化、流水线生产，以代替传统的现场施工方法，实现预制构件的标准化和稳定性，从而大大提高建筑施工质量。

标准化钢筋笼设计是在预制构件标准化尺寸的基础上，通过进一步优化设计，使配置钢筋的工作实现标准化加工生产。利用钢筋笼标准化，有助于钢筋自动化设备的使用，大大提高生产效率和质量，同时还可减少工人数量。基于 BIM 的预制构件钢筋参数化设计技术，可使标准化钢筋笼与标准化预制构件的尺寸、模数等相关联，如图 3-7～图 3-9 所示。

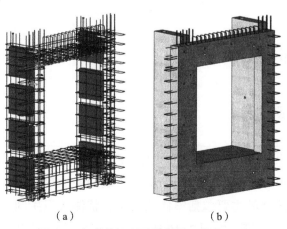

(a)　　　　　　　　　　(b)

图 3-7　标准化预制外墙板的一体化设计

(a) 标准化钢筋笼；(b) 标准化预制外墙

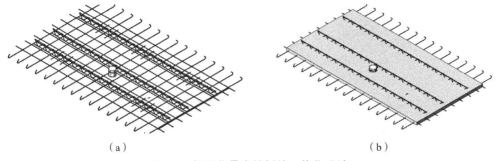

（a）　　　　　　　　　　　　　　　　（b）

图 3-8　标准化叠合楼板的一体化设计

（a）标准化钢筋笼；（b）标准化预制外墙

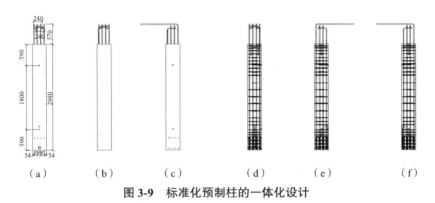

（a）　　（b）　　（c）　　（d）　　（e）　　（f）

图 3-9　标准化预制柱的一体化设计

（a）主视图（生产面）；（b）后视图（台模面）；（c）右视图；（d）配筋正视图；
（e）配筋左视图；（f）配筋右视图

3.4　建筑部品的设计

3.4.1　基本原则

装配式混凝土建筑部品是由工厂生产构成外围护系统、设备与管线系统、内装系统的建筑单一产品或复合产品组装而成的功能单元的统称。装配式混凝土建筑中，常见的部品主要包括整体式厨房、整体式卫生间、外挂墙板、门窗幕墙、预制内隔墙板等，如图 3-10 所示。建筑部品标准化设计时，主要原则包括：

（1）各部品的设计应以满足功能需求为基础，协调部品和建筑的模数，从而进行标准化功能模块的集成化设计。同时，采用以比例控制、协调的方法建立单元模块的标准化设计技术，对功能模块的划分要始终坚持功能性。

（2）标准化部品需要按照一定模数的协调规则，并安装在具有一定功能的空间中，故需要提供一个与部品模数协调的模数空间。依据装修后净尺寸的要求，合理规划空间使用，以满足日常活动，并保证建筑全生命周期的灵活变化。

（3）由于装配式混凝土建筑中墙体的厚度和面层做法存在不同，导致存在很多非模数空间。采用"模数中断区"可对此类非模数空间进行协调。通过中断的方法，让非模数化的空间实现模数化，有效解决部品之间出现的衔接问题。因此，通过设置"模数中断区"，能更好地进行各部品间的尺寸协调。

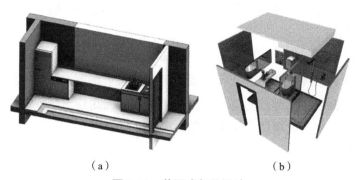

图 3-10　装配式部品设计
（a）厨房；（b）卫生间

3.4.2　部品部件编码

装配式建筑部品部件编码是实现装配式建筑信息化和数字化的重要前提与实现途径，主要内容是对各部品部件大量且繁杂的信息进行统一规则标准的编码。项目各参与者通过对编码的识别便可掌握部品部件的属性信息，进而实现装配式建筑部品部件的信息传递。

3.4.2.1　编码规则

装配式建筑部品部件编码时应该遵循以下原则：

（1）生产端的编码应具有通用性编码，需要包括预制构件的基本属性，以便使用阶段和生产阶段以外的阶段共享与流通。

（2）部品部件编码应根据其自身特点，在满足通用性的同时，还应紧密结合其自身产品的特点。

（3）部品部件编码应具有可流通性，即每个编码均能利用信息技术达到信息在项目各部门、各专业和全生命周期中的流通与共享。

（4）部品部件编码还应具有可添加性。由于装配式建筑部品种类多且信息量大，编码时需在项目各阶段根据需求随时添加编码。

3.4.2.2 编码分类

装配式建筑部品部件的编码一般分为通用编码和流通编码。

1. 通用编码

预制构件的通用编码具有通用性，是部品部件的基本属性编码，主要包括构件类型、尺寸、承载力和构造处理等基本信息。基于制定构件的通用编码，能轻松且清晰地掌握各部品部件的基本信息，从而有效提高建筑产业链中各构件信息的传递，并在工程建设项目全生命周期中流通共享。

2. 流通编码

流通编码通过对通用编码信息附加和编码形式转换等方式，形成具备唯一性的编码。流通编码主要是在确定生产阶段产生的通用部品部件的去向和使用过程中产生的，即在工程项目建设过程的使用阶段出现。工程项目完成后，可通过识别该编码并结合信息技术对各部件进行追溯，并结合通用编码和流通编码实现各部品部件信息在工程建设全生命周期的信息共享传递。

3.4.2.3 编码方法

《装配式混凝土建筑技术标准》GB/T 51231—2016 中规定，装配式混凝土建筑设计应按照通用化、模数化、标准化的要求，以少规格、多组合的原则，实现建筑及部品部件的系列化和多样化。因此，各部品部件编码中除包含构件类型和几何尺寸外，还需加入承载力和构造处理，具体表示为：

（1）构件类型。用以表示该构件的名称（型号）。

（2）几何尺寸。用以确定该构件的外形样式和尺寸大小。对于不同构件确定的几何尺寸有所不同。

（3）承载力。用以表达构件的配筋和荷载等。

（4）"特殊构造处理"：用以确定构件的特殊处理形式，如预埋件、支座和异形截面等。

以某常见的预制叠合板为例，如图3-11所示，预制构件编码信息中主要包括：① 构件类型：叠合板；② 符号：DB；③ 构件编号：24/72；④ 构件尺寸：长2820.0× 宽1450.0× 高60.0、长3220.0× 宽1620.0× 高60.0。其他信息还包括构件重量、体积、混凝土强度等级等，并带有产品身份标识。

项目名称	谷山学府二期	
构件编号	DB-24	
构件尺寸（mm×mm×mm）	长2820.0× 宽1450.0× 高60.0	
构件类型	叠合板	
楼号楼层	6#/6F	
重量（t）	0.613	
体积（m³）	0.245	
强度等级	C30	产品身份标识
PC编号	PC2023-00045150	

项目名称	谷山学府二期	
构件编号	DB-72	
构件尺寸（mm×mm×mm）	长3220.0× 宽1620.0× 高60.0	
构件类型	叠合板	
楼号楼层	6#/6F	
重量（t）	0.783	
体积（m³）	0.313	
强度等级	C30	产品身份标识
PC编号	PC2023-00045294	

图3-11 预制构件编码

3.4.3 标准化部品部件库

装配式建筑标准化部品部件设计应考虑其全生命周期，根据部品部件在建筑物所处功能和要求的不同，遵循受力合理、连接简单、施工方便、重复使用率高、易维护和更换的原则。标准化部品以实现集成化功能为特征，进行成套供应。

标准化部品部件库是采用建筑信息模型BIM对标准化部品部件数字化表示的模型集合。通过使用部品部件分类与设计标准，建立标准化部品部件库，包括标准化预制叠合楼板、预制剪力墙、预制外墙、预制飘窗、预制阳台、预制楼梯、预制女儿墙等构件的规格、编号、设计和使用过程中的所有相关信息，以实现装配式建筑标准化设计。如图3-12所示。

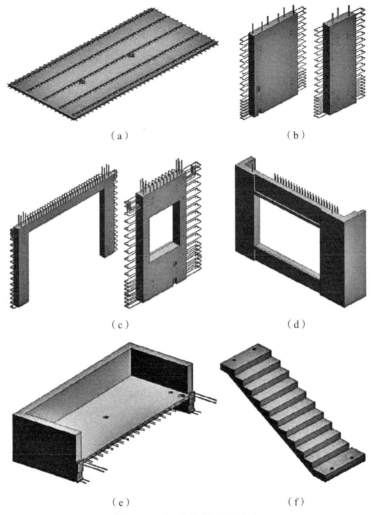

图 3-12 标准化部品部件库

(a) 标准化预制叠合楼板；(b) 标准化预制剪力墙；(c) 标准化预制外墙；(d) 标准化预制飘窗；
(e) 标准化预制阳台；(f) 标准化预制楼梯

3.4.4 管线综合和净空优化

通过链接的方式，将基于 BIM 的结构模型链接到机电模型中，对模型进行各专业碰撞审查。其中，碰撞检查包括建筑、结构与电气、暖通、给水排水之间及机电管线间的碰撞，进而实现设备与管线系统、内装系统的协调，保证各部品部件设计和安装的顺序实施。管线综合调整主要目的及成效如下：

（1）尽可能全面地发现施工图纸中存在的技术问题，发现各专业设备和管线等可能存在的碰撞点，并在施工准备阶段解决问题。

（2）优化机电管线排布，节约管材、提高净高，如图 3-13 所示。

图 3-13　Revit 管线综合

（3）确定预制构件是否存在预留预埋孔洞，对预留洞口进行准确定位，避免由于不能及时预判而导致后期二次开凿。

3.5　案例分析

3.5.1　工程概况

该项目位于赣州市××区，建设用地面积：19778.60m²。本项目结构类型为：地下室框架剪力墙，上部剪力墙结构。该装配式混凝土建筑中，主要预制构件包括预制叠合楼板、预制楼梯、预制阳台、预制空调板、预制柱、预制外墙板、预制飘窗、轻质内隔墙板等。本工程具体信息如下：

建设单位：赣州市××投资开发有限公司

勘察单位：××工程勘察院

设计单位：××建筑设计研究院

监理单位：××建设监理有限公司

施工单位：××建设集团有限公司

工程项目效果图如图3-14所示。在建设过程中，该装配式混凝土建筑采用BIM信息化技术，主要优点包括提高工程质量、缩短施工工期、提高施工效率、节约工程成本、辅助运维和技术创新等。

图3-14 项目效果图

3.5.2 工作流程

基于BIM平台，可对装配式混凝土建筑创建土建模型、设备模型等，并协调各专业的工作；随后开展深化设计，并在施工时进行应用。另外，基于BIM的建模过程中，需探索建筑工程信息模型中的建模标准，包括文件命名规则、项目样板设置规则、模型专业分类、族类型命名规则、构件信息添加规则、模型材质命名、标准术语等。具体工作流程如图3-15所示。

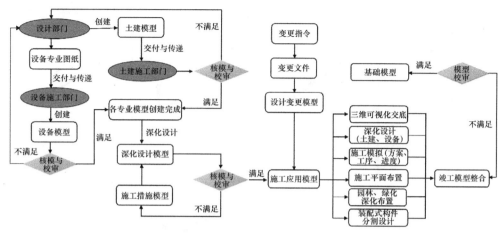

图 3-15 基于 BIM 的工作流程图

3.5.3 精细化建模

基于 BIM 平台可对装配式混凝土建筑进行精细化建模，建模精度需达到施工精度要求，钢筋、垫层、保护层、附加层、导墙等所有构件和施工涉及的元素均按项目实际情况建模，如图 3-16 所示。

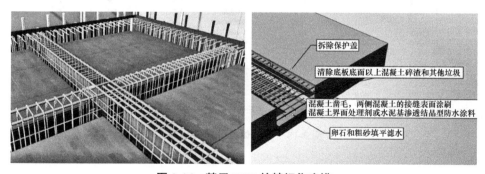

图 3-16 基于 BIM 的精细化建模

在建立精细化模型后，该工程具备的优势主要体现在：通过模型精确计算钢筋（图 3-17）、预埋件、支撑体系（图 3-18）等所有构件的施工用量；可检查图纸合理性；可对施工组织设计及方案进行优化；可对结构进行可视化交底。

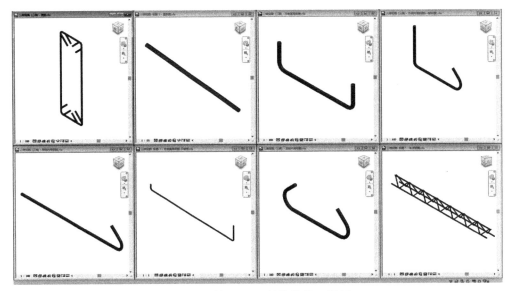

图 3-17 基于 BIM 的构件施工用量

<方料统计明细表>

A	B	C	D	E	F	G	H
族	方料长	方料高	方料宽	方料体积	单位体积的方料	方料单价	合计
江南府-水平方料	1700.0	80.0	40.0	0.0054400	1100	5.984	4
江南府-水平方料	1720.0	40.0	80.0	0.0055040	1100	6.0544	2
江南府-水平方料	1772.0	40.0	80.0	0.0056704	1100	6.23744	2
江南府-水平方料	1800.0	80.0	40.0	0.0057600	1100	6.336	2
江南府-水平方料	1900.0	80.0	40.0	0.0060800	1100	6.688	6
江南府-水平方料	2000.0	80.0	40.0	0.0064000	1100	7.04	2
江南府-水平方料	2100.0	40.0	80.0	0.0067200	1100	7.392	4
江南府-水平方料	2200.0	40.0	80.0	0.0070400	1100	7.744	90
江南府-水平方料	2272.0	40.0	80.0	0.0072704	1100	7.99744	2
江南府-水平方料	2280.0	40.0	80.0	0.0072960	1100	8.0256	16
江南府-水平方料	2300.0	40.0	80.0	0.0073600	1100	8.096	8
江南府-水平方料	2400.0	40.0	80.0	0.0076800	1100	8.448	21
江南府-水平方料	2720.0	40.0	80.0	0.0087040	1100	9.5744	2
江南府-水平方料	3000.0	40.0	80.0	0.0096000	1100	10.56	30
总计：191							

图 3-18 支撑体系的施工用量

3.5.4 预制构件深化设计流程

在装配式混凝土建筑的预制构件深化设计流程中，主要包括初步建模和深化设计两个步骤，如图 3-19 所示。

（1）初步建模。该过程主要包括标准和计划、建模、问题报告和预制构件初步建模等步骤。在初步建模时，包括结构、建筑、给水排水、消防等模型，构件模型需建立混凝土、钢筋、套筒、预留预埋件实体等。

（2）深化设计。在完成预制构件初步建模后，需协调建筑、结构、给水排水、消防和暖通模型，协调工厂生产、构件运输，协调现场施工模型，分别进行综合深化一、二、三，并最终发布深化图，以用于实际生产和施工中。

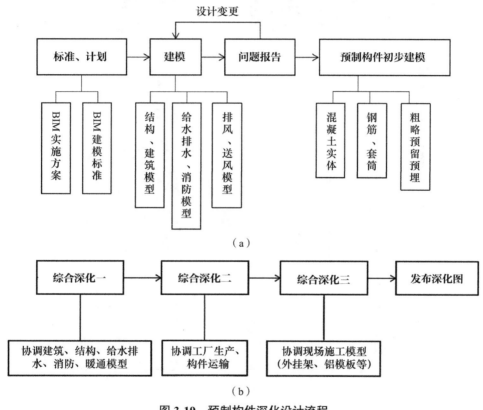

图 3-19　预制构件深化设计流程
(a) 初步建模；(b) 深化设计

另外，在建立装配式混凝土建筑项目深化设计模型时，需基于 BIM 建立项目中各类预制构件的模型族库，主要包括预制外墙、预制剪力墙、预制阳台板、预制叠合楼板、预制楼梯等，如图 3-20（a）所示；模具、竖向支撑、斜支撑、灌浆套筒、各类预埋件等，如图 3-20（b）～（e）所示。

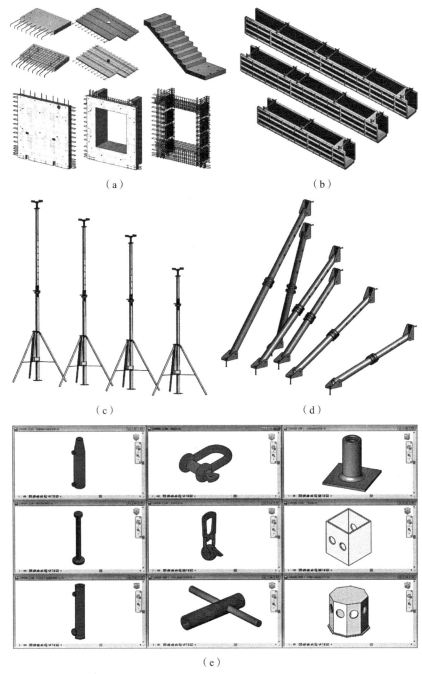

图 3-20　模型族库
（a）墙、板、楼板等；（b）模具；（c）竖向支撑；（d）斜支撑；（e）套筒、预埋件等

3.5.5 多专业模型整合

在 BIM 平台中，可有效整合装配式混凝土建筑项目的建筑、结构、设备、铝模板、外挂架等各专业模型，如图 3-21 所示。基于 BIM 的各专业模型整合，可对各专业进行优化设计，并开展相应的施工组织设计，以实现该项目的最优化。

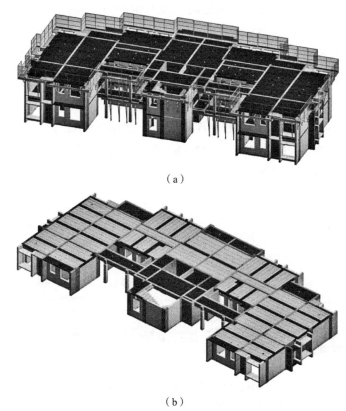

图 3-21 多专业模型整合
（a）外挂架和铝模板的模型；（b）结构模型

3.5.6 场地布置

施工现场合理布置是实现装配式建筑施工安全管理的主要内容。基于 BIM

的施工场地布置，可避免传统施工过程中存在的机械冲撞、材料乱堆乱放而造成塌方等问题。同时，还能有效地模拟施工现场布置规划方案，避免施工场地规划中的安全隐患，提高施工现场作业环境安全程度等。施工场地布置规划时，应遵循以下原则：

（1）以施工总进度计划为依据，匹配不同施工阶段的工作重点，实现有针对性的施工场地布置，以满足各施工阶段的需求。

（2）施工现场临时设施布置规划时，应对生产类、办公类、生活类临时设施保持合理的距离，如图3-22（a）所示。依据项目需求和现场环境进行功能区域划分，并对各区域临时设施进行布置，充分考虑其灵活性和施工紧凑性。

（3）施工现场明确划分材料堆放区域、施工区域、加工场地等，保证施工现场道路畅通，使现场作业更有秩序，运输路径实现无障碍通行。

（4）充分利用施工临时用地、规划用地，满足现场施工、办公和生产等要求，并做好观摩现场布置，如图3-22（b）所示。紧密结合各项目特点，灵活布置机械设备，保证施工任务高效开展。

（a）

（b）

图3-22　基于BIM的现场布置
（a）施工现场布置；（b）观摩现场布置

第4章 装配式混凝土构件智能化生产与安装

4.1 工厂智能化生产

4.1.1 预制构件生产线

4.1.1.1 预制构件生产车间

预制构件是装配式混凝土建筑的基础组件，其产量和质量直接影响装配式混凝土建筑的施工速度和质量，以及建筑工业化的进程。预制构件的生产车间和生产装备直接决定预制构件的成本和质量。其中，预制构件生产车间为设置有预制混凝土构件所需的全部工艺、工序、设备的场所，如图4-1所示。

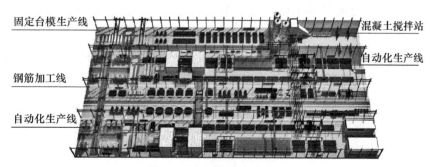

图4-1 预制构件生产车间

预制构件生产车间具体包括固定台模生产线、钢筋加工线、自动化生产线、混凝土搅拌站、构件养护窑等。其中，固定台模生产线和自动化生产线是预制构件生产过程中的核心设备，它们将钢筋、混凝土等原材料加工成高质量、高环保的预制混凝土构件。在预制构件生产车间，各生产线同时工作，可实现预制构件工厂化生产，有效提高生产效率和构件质量。

在预制构件生产车间内，各设施的布置要尽可能遵守以下原则：

（1）系统性原则。生产车间内要进行整体优化，不能追求个别指标先进。

（2）近距离原则。在布置条件允许时，各设施之间要尽可能缩短距离，以减少无效运输和降低物流成本。

（3）场地有效利用原则。车间内应充分利用场地，有利于节约资金。

（4）机械化原则。构件生产时要有利于自动化的发展，还适当留有空间。

（5）安全方便原则。生产过程中要保证安全，不能只追求运输距离最短。

（6）效益最大原则。生产车间规划时，要使用最少投资达到系统功能要求。

4.1.1.2 流水生产线

流水生产线是以批量生产产品的典型组织形式，主要特征为：工艺过程封闭，各工序时间基本相等或成特定关系，生产节奏性强，且生产过程连续性好。流水生产线的优势为采用先进、高效的技术装备，能提高工人操作熟练程度和效率，有效缩短生产周期，提高生产效率。

流水生产线按生产节拍可分为强制节拍流水线和自由节拍流水线；按加工对象品种可分为单功能流水线和多功能流水线。预制构件生产线还包括以下几种：

（1）固定方式流水线。如图4-2（a）所示，固定方式是将模具布置在一个固定台位上并完成全部工序，主要采用固定台模工艺、立模工艺和预应力工艺等。

（2）移动方式流水线。如图4-2（b）所示，移动方式是将模具在流水线上移动，台模绕固定线路循环运行，有手控、半自动和全自动流水生产线。

（3）多功能生产线。多功能生产线是指一条流水线上可生产预制内外墙板、叠合楼板、预制剪力墙等平面构件，以及预制梁、预制柱、预制阳台等构件。

（4）特定构件生产线。基于某些特定的预制构件，需设计专门的特定构件生产线，一般仅针对某一种预制产品，其专用性强、生产效率高、产能大。

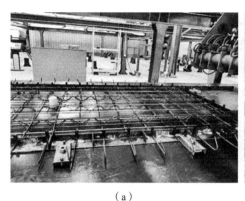

（a） （b）

图 4-2 预制构件生产线

（a）固定方式；（b）移动方式

4.1.1.3 布料系统

装配式混凝土建筑中的预制构件生产时，混凝土浇筑需采用布料系统，即混凝土由输送料斗输送至布料机中。布料机在工作台模上移动式布料浆，然后通过振动台振动将料浆振捣密实，如图 4-3 所示。布料机可以由人工手动控制或自动控制，料斗带混凝土称重计量装置。在预制构件混凝土浇筑过程中，该设备可按构件尺寸要求由程序控制均匀布料。控制系统留有计算机接口，具有可直接从计算机系统读取图纸数据的功能。

（a） （b）

图 4-3 布料机和振动平台

（a）布料机；（b）振动平台

布料机采用整幅布料，布料速度快且操作简便，并配备清洗平台、高压水枪和清理用污水箱，便于清洗和污水回收。布料完成后，需采用振动平台将模具中的混凝土振捣密实，通过减振升降装置将台模升起后，将二者锁紧为一体。在预制构件振捣完成后，采用抹光机将初凝后的混凝土表面抹光，以保证构件表面光滑。抹平头可在水平和垂直方向自由移动。

4.1.1.4 养护与脱模系统

1. 养护系统

预制构件在生产线上浇筑混凝土后，需分别进入预养库和养护窑，如图4-4所示。预养库内需控制通道内的温度，使刚浇筑、振捣完毕的混凝土在一定温度下迅速达到初凝状态，便于后面工序作业。在预制构件完成所有制作过程后，需通过码垛机将预制构件和底模一起送入指定密闭养护窑内，以加快构件养护时间。养护结束后，再通过码垛机将预制构件从养护窑中取出，并送至指定位置。

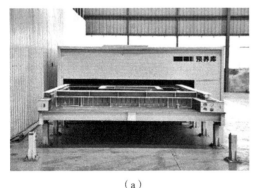

（a） （b）

图 4-4 预养库和养护窑
（a）预养库；（b）养护窑

2. 脱模系统

脱模系统是将生产完成并达到起吊强度的预制构件进行脱模的系统，脱模过程中需采用翻转机，如图4-5所示。翻转机是将拆除边模的台模通过滚轮输送到脱模工位的设备。将台模固定后，翻转臂开始翻转至75°~85°，预制构件被竖直吊走，随后将翻转装置复位，以此实现预制构件的脱模。

图 4-5 用于脱模的翻转机

4.1.2 预制构件生产工艺

4.1.2.1 固定台模生产工艺

固定台模生产工艺是预制混凝土制作时应用最广泛的工艺。预制构件在固定台模生产时，模具是固定不动的，作业人员和钢筋、混凝土等材料在各个固定台模间"流动"。绑扎或焊接好的钢筋用行车或平板车送至各个固定台模处，混凝土使用布料机送至各工位。固定台模下设有养护蒸汽管道，预制构件可就地养护，构件脱模后再用行车或平板车送到构件存放区。

固定台模生产工艺设计时主要依据生产规模，在生产车间内布置一定数量的固定台模，且各步骤均在台模上完成。固定台模工艺可以生产预制柱、预制梁、预制楼板、预制墙板、预制楼梯、预制阳台板等各类构件，最大优势是适用范围广、灵活方便、适应性强、启动资金少。

4.1.2.2 立模生产工艺

立模生产工艺是固定生产方式的一种，它与固定台模生产工艺的主要区别在于：立模生产工艺中预制构件是立着浇筑混凝土的，而固定台模生产工艺中则是平躺着浇筑混凝土的。立模生产工艺中包括独立立模和组合立模。例如，预制柱立着浇筑混凝土和预制楼板侧立浇筑混凝土时，属于独立立模；成组浇筑的预制剪力墙属于组合立模。

立模生产工艺的最大优点是场地需求小,可有效节约用地,且立面没有抹压面,脱模后无须翻转;缺点在于成本较高。它适用于无饰面和无洞口的预制墙板、预制柱和预制楼梯,不适用于预制楼板、预制梁、预制一体化外墙板等。

4.1.2.3 预应力生产工艺

预应力生产工艺也是预制构件固定生产方式的一种,主要包括先张法工艺和后张法工艺,与现浇混凝土结构相同。其中,先张法工艺一般用于制作大跨度预应力预制叠合楼板、预应力空心楼板等;后张法工艺主要用于制作预应力预制梁、预制板和叠合梁。

预应力预制构件生产时,先张法工艺是在固定钢筋张拉台上制作,钢筋张拉后在长条台上浇筑混凝土前,两端通过张拉设备固定,且达到要求后拆卸边模和肋模,并卸载钢筋拉力。后张法工艺中,预制构件需预留预应力钢筋或钢绞线,在构件达到预期强度后再对钢筋进行张拉。

4.1.2.4 流水线生产工艺

(1)平模机组流水工艺,主要适用于预制楼板、预制墙板、预制阳台板等构件的生产。在模内布置钢筋并吊至指定工位后,利用布料机往模内浇筑混凝土,并采用振动台对预制构件进行振捣,再通过吊车将预制构件送去养护。各步骤中机械设备相对固定,各步骤间借助吊车的吊运完成。

(2)平模传送流水工艺,主要将台模放置在轨道上使其移动。预制构件生产时,首先在组模区进行组模,随后进行钢筋和预埋件的入模作业,再移动至浇筑振捣平台上完成混凝土浇筑和振捣。完成上述步骤后,将台模移动至养护窑中,出窑后移到脱模区进行脱模处理,即可完成预制构件的制作。

4.1.3 预制构件制作规程

4.1.3.1 基本规定

(1)预制构件生产时,应具备保证生产质量要求的生产工艺和设备设施,且应保证构件的质量和安全生产。

（2）预制构件制作时，需细化其模板图、钢筋图、预埋件等，且预制外墙应深化其饰面效果图和保温板排版图等。

（3）预制构件脱模、翻转及吊装时，预制构件及其连接件需进行强度验算，还应绘制模具加工图和钢筋翻样图等。

（4）预制构件生产前，应编制生产计划、加工方案、质量控制、吊装运输等方案，并由技术负责人审核后实施。

（5）预制构件出厂时的各项性能指标应满足相关规则。对合格产品应出具合格证明，不合格产品应及时分离并按规定处理。

4.1.3.2 模具制作与拼装

1. 一般规定

预制构件模具以钢模板为主，材料主要选用 Q235 钢板，规格可根据模具形式选择。模具应具有足够的承载力、刚度和稳定性，并保证在预制构件生产时能承受混凝土重量、侧压力及工作荷载。模具应支、拆方便，且应便于钢筋安装和混凝土浇筑、养护。模具中各部件与部件之间应具有可靠的连接，并与台模进行固定，以实现预制构件尺寸的精度。另外，模具安装时，还应满足以下要求：

（1）模具安装前必须进行清理，不得含有杂物，且应按顺序进行安装，安装完成后应进行质量及尺寸验收。

（2）安装预埋件、预留孔的位置应准确、牢固。安装就位后，接缝及连接部位应有密封措施，不得漏浆。

（3）模具安装并验收合格后，模具表面应均匀涂刷隔离剂，模具夹角处不得漏涂，但钢筋和预制件等不得沾有隔离剂。

（4）隔离剂应具有质量稳定、适于喷涂、脱模效果好等优点，并能有效改善混凝土构件表面质量效果，使预制构件脱模后表面光滑。

（5）外墙板和内墙板防漏浆设计时，为便于拆模，豁口应尽量开大一些，并用橡胶等材料将混凝土与边模分离开，从而大大降低其拆卸难度。

2. 设计要点

（1）叠合楼板模具。根据叠合楼板高度，可选用相应的角钢作为边模。当楼板四边有倒角时，可在角钢上后焊一块折弯后的钢板，如图 4-6（a）所示。角钢沿长向可分为若干段，以每段1.5～2.5m为宜，侧模上设加强肋板的间距为400～500mm。

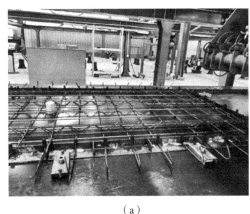 

（a）　　　　　　　　　　　　　　（b）

图 4-6　预制构件模具

（a）叠合楼板模具；（b）阳台板模具

（2）内墙板模具。预制内墙板厚度一般为200mm，可选用20号槽钢作为边模。由于内墙板三面均有数量较多的外漏筋，需在槽钢上开许多豁口。为增加开口后槽钢的刚度，应在边模上增设肋板。

（3）外墙板模具。常见的外墙板构造主要为结构层＋保温层＋保护层，对平整度要求很高。外墙板模具分为两层，第一层为保护层＋保温层，第二层为结构层。其中，结构层模具定位螺栓较少，为防止胀模，需增加拉杆定位。

（4）阳台板模具。为适应阳台板的异形结构，可将其模具设计为独立式，并根据构件数量选择模具材料，如图4-6（b）所示。在不影响预制构件功能的前提下，可适当留出脱模斜度；当构件高度较高时，应重点考虑侧模的定位和刚度问题。

（5）楼梯模具。楼梯模具可分为卧式和立式两种模式。楼梯模具中，由于踏步成波浪形，且钢板需折弯后拼接，拼缝位置宜放在既不影响构件效果又便于操作的位置，楼梯踏步拼缝的处理可采用焊接或冷拼接工艺，严禁出现漏浆现象。

（6）边模定位方式。边模与大底模通过螺栓连接，为了快速拆卸，宜选用M12的粗牙螺栓。在每个边模上设置3～4个定位销，以更精确地定位。连接螺栓间距宜控制在500～600mm，定位销间距不宜超过1500mm。

4.1.3.3 钢筋骨架制作与安装

为保证预制构件混凝土浇筑能按施工要求顺利进行，需保证其钢筋骨架安装符合施工工艺和设计要求，由此确保预制构件的浇筑质量。

钢筋骨架如图4-7所示，制作前需做以下准备工作：

图4-7 预制构件中的钢筋骨架

（1）核对所有钢筋的级别、直径、尺寸和数量是否符合设计要求。
（2）准备好铁丝、水泥垫块以及常用的绑扎工具等。
（3）画出钢筋安装位置线，并在已安装模板上标注钢筋规格、形状和数量。
（4）绑扎形式复杂的部件，应先支模再绑扎钢筋，并宜制定安装方案。
（5）钢筋绑扎部位应提前清理所有杂物。

预制梁、预制柱、叠合楼板等预制构件中纵筋、箍筋和分布钢筋等相关要求详见现行行业标准《装配式混凝土结构技术规程》JGJ 1。

4.1.4 预制构件生产流程

4.1.4.1 一般流程

预制构件生产的一般流程包括：
（1）脱模后的空模具经滚轮架线和码垛机运输至指定位置后进行清理，随后被运送至工作位置，并根据构件信息进行模具和预埋件等构件的安装。

（2）待模具运送至指定位置后，进行隔离剂的喷涂。在混凝土浇筑前，还需要根据构件型号在空模具上布置钢筋和吊环等埋件。

（3）在模具内浇筑混凝土并振捣，转动至下一个工作位置进行构件表面压平装饰后，再进入下一步的蒸汽养护工作。

（4）在一定温度和湿度条件下，达到蒸养时间的构件和模具被送至脱模设备上进行脱模，预制构件生产即完成一个工作循环。

（5）制作完成的预制构件经检验合格后转运至存放处，随后送至施工现场。

4.1.4.2 生产步骤

预制构件生产过程中（图4-8），各步骤需分别满足以下要求：

（1）清模。模具外表面无累积混凝土，模具外表面需清理干净；模具和台模表面无残留混凝土块且无污渍。

（2）喷涂隔离剂。模具内表面均匀喷涂隔离剂，且手摸模具时表面无明显油渍、无黑物，窗盖、底座及其他配件模板表面也无积油。

（3）模具安装。整个模具接缝处不能漏光，螺丝无松动且无遗漏，拼缝接口处平均，以防止漏浆；模具拼装整体尺寸应满足图纸要求。

（4）钢筋及预埋件安装。钢筋安装过程中应避免碰到连接件，钢筋骨架、预埋件需按图纸放至指定位置，保护层和外露钢筋数量、尺寸均符合图纸要求。

（5）混凝土浇筑。浇筑时布料均匀，振捣完成后，混凝土表面与侧模需保持在同一平面，且混凝土内无残留气泡。

（6）混凝土养护。冬期养护温度在50%以上，温度在60℃。预制构件出窑后需达到收光作业的要求。

（7）混凝土收光。混凝土面层的抹平工作应在混凝土初凝后完成，且表面不应有裂纹、脱皮、麻布、起砂等缺陷。

（8）拆模、起吊。拆模前构件强度达到计划强度的70%，模具和套筒胶塞等全部拆卸到位。起吊前模具及工装要完全拆卸，吊运时吊臂上的吊点受力均匀，短链条与吊臂要垂直，吊扣要牢固。

（9）洗水、修补。起吊后构件运至洗水区后需在底部加垫木方，冲洗水枪与洗水粗糙面距离不得小于1.5m，粗骨料露出表面5～6mm。修补前将修补部位进行清理，打磨时应确保修补面和构件面保持平整。

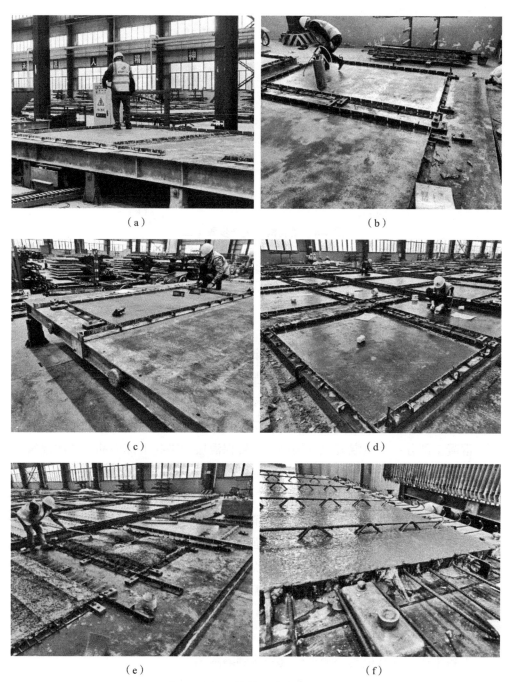

图 4-8　预制构件生产步骤（一）

（a）清模；（b）喷涂隔离剂；（c）安装模具；（d）安装预埋件；（e）混凝土浇筑；（f）混凝土养护

（g） （h）

图 4-8 预制构件生产步骤（二）

（g）混凝土收光；（h）起吊脱模

4.1.4.3 工艺流程

1. 预制内墙板制作工艺流程

准备工作：安装模具→清理模具→涂刷隔离剂→安装预制固定件。

钢筋部件：铺设底部面筋→绑扎加强筋→放置垫块→绑扎暗梁钢筋→预制管线和插座等→绑扎桁架钢筋→安置泡沫棒→安装木楔子→安置隔离泡沫板→安装吊灯→梁底面筋搭设箍筋→预制上部面筋。

混凝土部分：浇筑混凝土→振捣→放置保温层→绑扎上部面筋→二次浇筑混凝土→再次振捣→抹平→养护→脱模→翻板→吊板→存放。

2. 预制隔墙板制作工艺流程

准备工作：安装模具→清理模具→涂刷隔离剂→安装预制固定件。

钢筋部件：铺设底部面筋→绑扎加强筋→放置底部钢筋垫块→预制管线和插座等→预制上部面筋→旋转上部面筋垫块。

混凝土部分：浇筑混凝土→混凝土振捣→抹平→养护→脱模→翻板→吊板→存放。

3. 预制外墙板制作工艺流程

准备工作：安装模具→清理模具→涂刷隔离剂。

钢筋部件：铺设底部面筋→绑扎加强筋→放置底部钢筋垫块→安装吊钉→安装门框→安装预埋件→旋转上部面筋。

混凝土部分：浇筑混凝土→旋转保温层→绑扎上部面筋→放置外挂板连接钢筋→放置剪力键及套筒定位杆件→二次浇筑混凝土及振捣→抹平→拆除套筒定位杆件→拉毛→养护→脱模→翻板→吊板→存放。

4. 预制叠合楼板制作工艺流程

准备工作：安装模具→清理模具→涂刷隔离剂。

钢筋部件：铺设底部面筋→放置垫块→绑扎桁架钢筋→安装预埋件→填充泡沫棒。

混凝土部分：浇筑混凝土→振捣→抹平→拉毛→养护→脱模→吊板→存放。

5. 预制梁制作工艺流程

准备工作：安装模具→清理模具→涂刷隔离剂。

钢筋部件：绑扎钢强筋→钢筋装模→固定模具。

混凝土部分：浇筑混凝土及振捣→抹平→养护→起吊→脱模→存放。

6. 预制楼梯制作工艺流程

准备工作：安装模具→清理模具→预埋螺杆→预制上部吊钉→涂刷隔离剂。

钢筋部件：绑扎上部强筋→放置垫片→绑扎底部钢筋→预留保护层厚度→填充泡沫棒→固定模具→钢筋定位。

混凝土部分：浇筑混凝土及振捣→底部放置吊钉→抹平→拉毛→养护→脱模→起吊→存放。

4.2 工厂信息化管理

4.2.1 当前存在的问题

1. 工厂生产自动化程度低

预制构件生产线上需要大量的人员和设备，且钢筋生产线需大量的人工进行半成品钢筋绑扎。另外，生产设备单体配合工艺不足，技术研发不够，且设备联动性差，行业内无相应的设备产品标准。

2. 构件生产信息化水平低

预制构件生产所需设备中还有许多未实现信息化操控，工厂生产信息化管理系统还不成熟，未能很好地与 BIM 设计信息相关联。画线定位、模具摆放、混凝土浇筑振捣、养护、翻转起吊等工序仍需大量的人工进行辅助作业。

3. 生产与设计、施工协同性差

预制构件的生产、质检过程需人工进行纸质方式记录，设计图纸更新经常与生产脱节，造成许多重复性工作和材料浪费。另外，构件生产时经常存在生产计划与订单脱节，且订单改变或施工任务变更后，生产计划未得到及时跟进。

4. 生产计划管理水平相对薄弱

预制构件生产过程中，对于总计划、月度计划、周计划等计划管理工具落后。当订单多、构件类型分散时，易造成供应链不畅。另外，物料、模具、设备、人员等生产资料可能准备不足或过量，或构件库存增加导致构件出入库困难。

5. 缺少有效的构件生产质量管理工具

当前普遍采用填写预制构件生产隐蔽工程检验和成品检验单的方式进行质量记录，甚至只做成品检验记录，易出现质量问题，且质量问题无法进行准确追溯与统计分析。

4.2.2 管理系统的主要内容

1. 设计、生产一体化

设计、生产一体化系统实现与 BIM 三维模型进行无缝对接，打通设计与生产之间数据不统一、需人工二次录入的壁垒，并将生产管理与 BIM 技术有机结合在一起。设计对接分为两步，即模型对接和数据信息对接。

在预制构件设计时同时搭建构件模型、碰撞检查、钢筋避让、出具构件清单、快速出图等功能，当发生变更时可自动保持模型和图纸的一致性，并将结构设计、施工图设计、工厂加工、现场安装等环节完全体现在模型中，生成的二维图纸尺寸也可供生产模具制作和加工时使用。

2. 生产、施工一体化

将项目的整体模型、各构件的深化设计模型、构件基本信息、技术资料、安装与吊装资料、生产过程资料等上传至施工 BIM 系统，从构件生产到现场安装系统同步更新。根据生产模块与施工订单模块对接，以订单驱动生产。基于生产和施工的BIM模型与数据，业主可进行招标管理、设计管理、施工管理、商务管理、营销推广、运维管理、决策数据等工作。

3. 构件编码辨识贯穿全过程

通过识别预制构件编码，可进行生产过程的控制，并在堆场管理中规划构件的码放与确定位置信息。预制构件到场后，通过构件编码可查看构件的基本信息和图纸等，并在进场检查无误后接收。预制构件安装时，可查看构件的技术资料、图纸、BIM模型、安装教学视频等信息指导施工。等安装完毕后，可单击安装完毕，则预制构件状态在进度中实时更新。

4. 采用算法和云计算

生产计划无须人工制作，通过算法结合订单要求、各类资源等，可使预制构件生产时无须人工处理，系统会进行自动排产。在自动下达构件生产、钢筋笼生产、混凝土、物料采购计划和模具加工任务后，系统会驱动生产，并自动将构件拆分成各类材料和自动计算材料用量。预制构件生产完成后，在堆场过程中也将自动计算分配构件位置，并实现智能化定位查找。

4.2.3 管理系统的主要功能

1. 系统架构

预制构件生产时，管理系统需打通设计—生产—施工等环节，并归集生产信息、质检信息、堆场信息、设备信息等。通过各类算法及时有效地计算出各类计划，并在相应的时间点自动下达生产任务。系统对接各类设备，通过管理系统达到自动化生产的目的。

2. 设计数据对接

系统直接对接设计数据后导入云端数据库中，通过生产数据管理模块，将数据自动分配给生产模块与物资模块。在物资模块中，系统将构件数据拆分成混凝土、钢筋、预埋件等信息，并自动匹配材料分类与信息表、混凝土搅拌站模块、钢筋笼管理模块，将设计模型导入系统中，可包含构件全部信息。

3. 生产计划管理

预制构件生产时，可通过算法自动生成生产计划。在生产模块中，系统自动统计构件信息，并根据订单需求生成生产计划，系统集成各类资源信息形成生产总计划。生成生产计划后，系统根据物资模块的各类资源需求，配合生产计划生成模具、钢筋笼和材料采购计划，并由此生成周、日生产任务单和下达生产任务。

4. 物料管理

系统自动统计生产所需材料用量与成本计算。在生产任务单下达后，系统也会自动对生产的构件进行各部分的用量核算，如混凝土、钢筋、预埋件等。将混凝土需用量的信息下达到物资模块与搅拌站模块，其他物资信息下达给物资模块。基于此，生产人员可以根据系统计算的物资用量进行限额领料。

5. 生产流程管理

预制构件生产时，信息系统可直接下达钢筋笼生产任务。上一环节完成后，若无须人员参与，则生产或质检自动进入下一环节；若需人员参与生产或质检，则发出消息提醒人员质检，并严格按生产节拍执行。生产过程中系统自动记录生产时间，并对人员工效进行考核，迈入精细化、产业化的生产流程管理。

6. 堆场管理

预制构件生产完成后，需转运至堆放场。此时，各构件自带的编码可自动查找并按要求码放。预制构件出库时，信息系统可支持人工输入或语音输入构件型号，并自动导航查找构件。在吊机和吊绳等均按规定绑完后，通过 MES 系统自动将构件吊装至装车地点。

4.3 预制构件的存储运输

4.3.1 预制构件厂内吊运

预制混凝土梁、柱、楼板、墙板等构件经生产、脱模后，需由专门的运输工具运送至对应堆场进行存放，并等待运输至施工现场。在此过程中，预制构件需经历厂内生产→厂内吊运→厂内存放等过程。在吊装过程中，需注意构件的吊装形式、平衡关系以及受力均匀等。

1. 工作要点

预制构件吊运作业是指在车间和场地间采用桥式起重机、叉车等进行短距离的吊运工作，如图 4-9（a）所示。具体工作要点如下：

图 4-9　预制构件厂内吊运
（a）厂内起吊；（b）摆渡车运输

（1）吊运线路应预先规划设计，吊运路线中应避开现场作业区域。起重机驾驶员需全程参与路线设计，且驾驶员应持证上岗。

（2）吊钩与构件连接牢固，螺栓螺母式连接应旋紧螺扣，避免吊装过程中脱钩脱扣。

（3）预制构件吊装时，需先缓慢起吊，在离地面 5～10cm 时静停，待确定安全后再次缓慢起吊。

（4）预制构件吊运时，应当合理控制速度，以免构件大幅度摆动。吊运路线下，需始终禁止工人作业。

（5）预制构件吊运高度需高于厂内设备和人员的高度，避免构件吊装时的撞击。吊运过程中要有人在地面现场指挥，且起重机要打开警报器。

2. 摆渡车运输

预制构件的摆渡车厂内运输如图 4-9（b）所示，基本要求包括：

（1）各种预制构件通过摆渡车运输时，需预先设计装车方案。

（2）根据设计要求在构件支撑位置加垫木方或垫块，其材质要符合设计要求。

（3）为防止预制构件在摆渡车上滑动、倾倒等，需增加临时固定措施。

（4）摆渡车运输前，需根据车辆载重能力计算预制构件的单次运输数量。

（5）为防止预制构件在运输过程中端部及角部被撞坏，需进行相应保护。

(6)预制墙板在靠放架上运输时，靠放架与摆渡车之间应当用封车带绑扎牢固，以避免墙板倒塌。

4.3.2 预制构件存储与检验

1. 基本要求

（1）预制构件在存储堆放前，需设计支承要求，包括支撑点数量、位置、存放层数等。设计师基于构件吊点受力分析，得到吊点和相同位置的支撑点。

（2）工厂根据设计要求，制定预制构件存放方案。预制构件入库前和存放过程中，需做好安全和质量防护。

（3）预制构件存放方式主要包括立放法、靠放法和平放法。其中，立放法适用于存放实心墙板、叠合双层墙板等；靠放法适用于存放三明治外墙板、异形构件等；平放法适用于存放叠合楼板、阳台板、预制梁、预制柱等。

（4）采用平放法的预制叠合板、梁、柱等构件，底层及层间应采用木方支垫，支垫应平整且上下对齐，如图4-10（a）所示。构件不得直接放置于地面上，以免构架缺棱掉角或直接产生断裂。

（5）采用立放法的预制墙板等，根据受力特点和构件特点，宜采用具有足够刚度的支架对称插放或靠放存放。预制墙板宜对称靠放、饰面朝外，且与地面之间的倾斜角不宜小于80°。另外，构件与刚性搁置点之间应设置柔性垫片。

2. 质检、补修区存放

预制构件存放时，还需要考虑构件质检、修补区的存放要求，以及质检员、修补人员作业要求，具体包括：

（1）预制构件的质检修补区应始终保持光线明亮；立式存放的墙板应在存放架上检查。

（2）水平放置的预制楼板、柱、梁、阳台板等应放在架子上进行质量检查和修补；装饰一体化墙板应检查浇筑面后翻转180°，以使装饰面朝上检查和修补。

（3）预制构件经检查修补或表面处理完成后，码垛存放或集中立式存放。

（4）套筒、浆锚孔、钢筋孔等宜模拟现场检查区，即按照图样下部构件伸出钢筋的实际情况，用钢板和钢筋焊成检查模板。

图 4-10　预制构件存储与检验
（a）构件堆放；（b）叠合楼板修补；（c）表面检验；（d）预留检验；（e）尺寸检验

（5）检查修补架时，需结实牢固且满足支撑构件要求；架子隔垫位置应当按照设计要求布置；垫方上应铺设保护橡胶垫。

（6）持枪修补区设置在室外时，宜搭设遮阳遮雨临时设施。

（7）持枪修补区的面积和架子数量需根据质检数量及修补比例、修补时间确定，且应在厂内吊运前规则好。

以预制叠合楼板为例，修补的具体步骤为：

（1）提前准备水、水泥砂浆、挤塑板。

（2）逐一确认标记的预制叠合楼板破损处大小、形状，准备挤塑板，裁剪成相应大小，以作修补模板用。

（3）放置好叠合楼板成品，对破损处用裁剪好的挤塑板按楼板标准外形装模、固定。

（4）灌浆。用抹子将砂浆灌入固定好的成型模具中，最后将表面抹平。

（5）修补后自然养护至成型后，拆除、清理干净挤塑板模具［图4-10（b）］。

3. 预制构件检验

预制构件检验主要包括表面检验、预留检验和尺寸检验等，如图4-10（c）～（e）所示。具体包括：

（1）表面检验。主要检查预制构件不能有露筋、蜂窝、麻面、掉角、裂缝等品质缺陷。

（2）预留检验。预埋件或预留孔洞检验时，需测量孔洞中心位置和外形尺寸。另外，还需检验孔洞预留的毛边是否清理干净，不可旋转、倾斜等。

（3）尺寸检验。尺寸检验需测量构件的长、宽、厚、对角线、表面平整、侧向弯曲实际尺寸，以及测量桁架的长度、高度等实际尺寸等。

4.3.3 预制构件装车与运输

1. 装车要求

预制构件从存储区域通过车辆运输至施工现场时，需事先进行装车方案设计，具体要求如下：

（1）装车时，预制构件需避免超高和超宽等，并做好配载平衡，以防止运输过程中车辆侧翻。

（2）装载时需采取防止预制构件移动或倾倒的固定措施，且预制构件与车体或架子需用封车带捆绑在一起。

（3）装车时，预制构件可移动空间需用聚苯乙烯板或其他柔性材料隔垫，以防止车辆急转弯、急刹车和上坡等过程中构件发生移动、倾倒和磕碰等。

（4）预制构件底部宜采用木方作为垫方，木方上应设置白色橡胶，以防止运输过程中构件发生滑移。

（5）运输过程中预制构件需采用架子固定时，需保证架子的强度、刚度和稳定性等，且架子需与车体进行可靠固定。

（6）预制构件与构件装载时需留有空隙，且空隙需用隔垫填充，以防止运输过程中构件之间发生磕碰和摩擦。

（7）预制构件的棱角需有保护垫，且固定构件和封车绳索接触的表面均需设置具有柔性、绿色的隔垫。

（8）在满足运输安全和不超载等前提下，应尽可能提高装车质量。

（9）预制梁、柱、楼板装车时应平放；预制楼板、楼梯装车时可叠层放置；剪力墙构件运输时宜用运输货架。

（10）对超限（如超高、超宽）的预制构件应办理准运手续，运输时需在运输车辆上设置明显的警示灯和警示标志。

2. 运输要求

预制构件运输前应制定运输方案，包括运输时间、运输次序、现场存放、运输路线、存放支垫、保护措施等。对于大型构件，其运输应有专门的保障措施。

（1）预制构件运输车辆的基本要求：

1）运输车辆应满足预制构件尺寸和载重要求。

2）装卸构件时，应采取保证车体平衡的措施。

3）装卸构件时，应采取防止构件移动、倾倒、变形等固定措施。

4）运输构件时，应采取防止构件损坏的措施，对构件边角部位与固定绳索接触处，需设置保护衬垫。

5）细长的预制构件运输时，需设置水平支架。

6）预制构件运输的总高度不能超过 4.5m，总宽度不宜超过 2.8m。

（2）预制构件运输如图 4-11 所示，宜采取以下防护措施：

图 4-11　预制构件装车与运输

1）宜设置柔性垫片，以避免预制构件边角部位或固定绳索接触处的混凝土损伤。

2）用塑料薄膜包裹垫块，以避免预制构件外观受到污染。

3）墙板门窗框、装饰表面和棱角处，需采用塑料贴膜或其他措施保护。

4）竖向薄壁构件运输时，需设置临时防护支架。

5）装箱运输时，箱内四周需采取木方或柔性垫片填实，且支撑要牢固。

（3）运输线路需事先与货车驾驶员共同勘察，对驾驶员需进行运输要求交底，不得急刹车、急提速和急转弯。

（4）预制构件的运输应根据施工安装顺序制定。首车应派出车辆在运输车后随行，观察预制构件的稳定情况。

（5）一些敞口构件运输时，敞口处要有临时拉结。

（6）装配式部品部件运输限制如表4-1所示。

装配式部品部件运输限制　　　　　　　　　表4-1

情况	限制项目	限制值	部品部件最大尺寸			说明
			普通车	低底盘车	加长车	
正常情况	高度	4m	2.8m	3m	3m	
	宽度	2.5m	2.5m	2.5m	2.5m	
	长度	13m	9.6m	13m	17.5m	
	重量	40t	8t	25t	30t	
特殊审批情况	高度	4.5m	3.2m	3.5m	3.5m	高度是从地面起总高度
	宽度	3.75m	3.75m	3.75m	3.75m	宽度是指货物总宽度
	长度	28m	9.6m	13m	28m	长度是指货物总长度
	重量	100t	8t	46t	100t	重量是指货物总重量

4.4 标准化安装技术

4.4.1 塔式起重机和吊索

预制构件运输至现场并堆放好后，需选择合理的塔式起重机和吊索，将所需的构件吊装至指定位置进行安装。因此，塔式起重机和吊索的选用将直接影响工程项目的进度、安全性和经济性等，它主要与预制构件的重量、吊装距离、吊装高度等有关。

1. 基本要求

在装配式混凝土建筑现场施工时，塔式起重机选型需注意以下问题：

（1）塔式起重机与主楼之间需保证有一定的距离，保证安装时上得去，并考虑驾驶室、塔机套框、前后大臂等对脚手架、凸出建筑物、施工电梯的影响。

（2）塔式起重机基础的地基承载力需满足塔式起重机机械使用要求。若基础采用基桩时，需注意主楼和地库工程桩之间保持施工距离。

（3）最大构件与塔式起重机位置的距离，需分别计算卸车点、堆场点、安装点的最大力矩，计算时需考虑吊钩、吊具等工具重量。

（4）塔式起重机需保证有效臂长，且施工时不能有盲区。塔机起重性能中，需按起吊2倍率或4倍率的选择。另外，需进行塔机附墙点主体结构的安全性复核。

（5）装配式建筑选用的塔机吊装安全系数，需提前咨询当地安监部门及专家意见，在满足要求的前提下合理确定塔机的吊装安全系数。

（6）预制构件吊装时，最大重量需满足要求。例如，单块叠合板、楼梯板重量不得超过2t，单块剪力墙重量不得超过3.97t。

2. 塔式起重机的选择与使用

常见的塔式起重机设备主要包括固定式塔式起重机和汽车式起重机，如图4-12所示。其中，固定式塔式起重机是高层与多层建筑常用的塔式起重机，设计时需考虑安拆要方便；汽车式起重机通常应用于20m以下的厂房、住宅结构、高层建筑的裙楼中。

（a）

（b）

图4-12 塔式起重机
（a）固定式塔式起重机；（b）汽车式起重机

塔式起重机的造型和定位需要考虑以下因素：

（1）根据最重预制构件的重量、位置和安装位置进行塔机选型，所选塔机应满足最重构件的吊装要求和最大幅度处的吊装要求。

（2）根据施工平面布置图、场地、运输路线等情况确定塔机安装位置。塔机需满足覆盖全部施工现场，并尽可能靠近起重重量最大的区域。

（3）型号确定后，根据各预制构件重量和安装位置进行道路布置，并依据塔机覆盖情况，综合考虑各个构件的堆放位置。

（4）塔式起重机附着锚固点只能设置在后浇混凝土梁段或直接伸入墙内，不能附着在预制外墙上。

（5）当装配式混凝土建筑裙房面积较大时，可选择汽车式起重机或小型塔式起重机等辅助措施，以避免施工过程中的浪费现象。

塔式起重机在使用过程中，需注意以下事项：

（1）塔式起重机操控员需持证上岗。塔式起重机工作时，需严格按照规定对预制构件进行起吊，不得超载和超限。

（2）操控员必须得到地面指挥信号后，方能进行吊装作业。吊物上升时，吊钩距起重臂端不得小于1m。非作业期间，不得将重物悬挂在空中。

（3）所有控制器工作完毕后，必须扳到初始位置，并关闭电源总开关。遇大风及雷雨天，禁止操作。

（4）在钢结构塔式起重机基础的后续使用过程中，要安排专人对其进行巡检。例如，查看螺栓、焊缝以及型钢梁的情况，如发现螺栓松动、变形超限、焊缝出现问题等，应立即采取补救措施，验收合格后方可继续使用。

（5）应为塔式起重机搭建专门的检修平台，以方便日常巡检与维护。

3. 吊索的选择与使用

由于预制构件的种类多、重量大，形状和重心等千差万别，为防止被吊构件因重心问题发生翻滚等安全事故，吊装时需采用专业的吊具协助作业。预制构件吊装过程中，要同时满足精度和稳定性等要求，这就需要准备各类吊索。吊索主要由主吊环连接卸扣、起重吊装带以及金属端材构成，主要包括点式吊索具、梁式吊索具、架式吊索具和特殊吊索具，如图4-13所示，其具体特点为：

（1）点式吊索具：主要采用单根吊索或几根吊索吊装同一构件，一般运用于较小的预制构件，需保证构件的水平夹角不宜小于60°，且不应小于45°。

  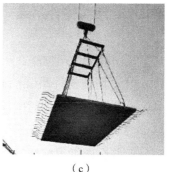

(a)　　　　　　　　　　　　(b)　　　　　　　　　　　　(c)

图 4-13　吊索具

(a)点式吊索具；(b)梁式吊索具；(c)架式吊索具

（2）梁式吊索具：采用型钢制作并带有多个吊点的吊索具，通常用于吊装线形构件。

（3）架式吊索具：对于面积较大、厚度较薄的构件，通常采用架式吊索具。

（4）特殊吊索具：为特殊构件而量身定做的吊索具。

吊索使用过程中，需注意以下事项：

（1）对所有预制构件尺寸、重量、吊点设置部位精确掌握，对预制柱、预制梁、叠合楼板、墙板、预制楼梯、阳台等构件设计专用或通用的构件吊具。

（2）应合理设置预制构件吊点位置，吊索的分支应按设计分布对称均匀，合力必须经过构件重心，以保证构件水平和稳定。

（3）吊索与吊具、构件的水平夹角不宜小于60°，且不应小于45°；梁式吊具与构件之间采用吊索连接时，吊索与构件的角度宜为90°，架式吊具与构件之间采用吊索连接时，吊索与构件的水平夹角应大于60°。

（4）当预制构件吊点处出现误差时，可能导致构件在起吊后出现高低不一致的情况，需在较短绳的一端使用倒链进行调整。

（5）钢丝绳吊索宜采用压扣形式制作。卸扣的选用，原则上应选用标准产品，对新技术、新产品应进行试验验证后选用。

（6）所有吊索、卸扣都须有产品检验报告、合格证，并挂设标牌。另外，所有钢制吊具必须经专业检测单位进行探伤检测，合格后方可使用。

（7）吊装过程中需确保人员安全。手或身体的其他部位必须远离吊索具，防止当吊索具松弛时受到伤害。

4.4.2 预制构件吊装

1. 吊装前的准备

（1）预制构件吊装前必须整理吊具，并根据构件不同形式和大小安装好吊具，这样既节省吊装时间又可保证吊装质量和安全。

（2）预制构件进场后，根据构件标号和吊装计划的吊装序号，在构件上标出序号，并在图纸上标出序号位置，以便于吊装工指挥操作，减少误吊概率。

（3）所有构件吊装前必须在相关构件上将各个截面的控制线提前放好，并办理相应预检手续，可节省吊装、调整时间并有利于质量控制。

（4）预制墙体吊装前必须将调节工具埋件提前安装在墙体上，可减少吊装时间，并有利于质量控制。

（5）预制墙体、叠合楼板等构件吊装前必须测量并修正墙顶标高，需确保与板标高一致，便于板就位。

（6）需提前准备所需工具，如塔式起重机、撬棒、圆形套管、方木、线坠、水平尺、扳手、斜撑杆、水平撑杆、水准仪、经纬仪、墨斗、塔尺、米尺、钢尺等。

（7）吊装预制构件前，需核对构件型号，如与设计或施工规范要求发生冲突，需提前协商解决，并按照每层构件平面吊装图作业，作为施工中的吊装依据。

2. 吊装的基本原则

预制构件吊装时，宜遵守以下基本原则：

（1）吊装流程一般可按同一类型的构件，以顺时针或逆时针方向依次进行。根据图纸，在现场用墨线弹出构件控制线、洞口边线、边缘线等。

（2）预制构件起吊并离开地面时，如表面发生倾斜，必须调整水平后再吊至构件就位处。预制楼梯、墙板等吊装时，如吊点高低不同，则低处吊点采用倒链进行拉吊，起吊后调平，落位时采用倒链松紧调整标高。

（3）预制梁吊装前应将所有标高进行统计，如有交叉部分，吊装方案根据先低后高安排施工。

（4）先粗放，后精调，充分利用和发挥垂直吊运工效，缩短吊装工期。采用"先墙后外板构件安装"的施工体系，要注意对连接件的固定与检查。脱钩前，螺栓与外墙构件必须连接稳固、可靠。

（5）采用"先安装外墙构件，再施工连接结构"的施工体系，临时调节杆与限位器的固定，是预制构件安装不跑位与构件吊装安全的保证。

（6）预制外墙、预制叠合板、预制楼梯等安装，按计算结果布置支撑，支撑体系可采用钢管排架、单支顶或门架式等。支撑体系拆除时，需满足现行国家标准《混凝土结构工程施工质量验收规范》GB 50204 中底模拆除时混凝土强度要求。

（7）预制墙板之间水平或转角连接时，可设置上、中、下三点连接，以避免连接点变形、跑位，具体可采用构件上预埋接驳器或铁件连接。

（8）预制外墙板吊装过程中发生碰损时，修补材料要与构件原材料相容和相配。结构性损伤不得随意修补，必须经过设计和相关单位核定后再处理。

（9）根据预制构件平面布置图及吊装顺序平面图，对竖向构件顺序就位。吊装时应根据定位线对构件位置采用撬棍、撑顶等形式进行调整。构件就位后应立即安装斜向支撑，应将螺丝收紧拧牢后方可松吊钩。

3. 吊装模拟

装配式混凝土建筑的吊装工艺流程较为复杂，可借助 BIM 技术对预制构件吊装进行模拟，进而优化施工流程，如图 4-14 所示。吊装实施过程中梁的安装顺序尤为重要，必须经过严密的计划模拟，才能保证施工吊装的顺利进行。在施工前可以对预制构件进行吊装施工模拟，减少过程中的反复试错。

图 4-14　吊装模拟

在施工前与工程总承包和监理单位进行可视化技术交底，利用 BIM 技术虚拟展示吊装顺序，有效减少因人的主管因素造成的错误理解，使交底更直观，施工工人更易理解，同时输出二维施工安装图纸供施工吊装使用。

预制构件吊装原则：

（1）对试拼装部位进行预先吊装，发现问题及时处理整改。

（2）在该工程中每层吊装总体顺序遵循：试验区预制柱吊装→全部区域预制柱吊装→试验区预制外墙板吊装→全部区域预制外墙板吊装→试验区叠合梁、板吊装→全部区域叠合梁、板吊装→剩下其余预制构件的吊装。

4. 临时支撑布置

装配式混凝土建筑施工前期，需要对竖向构件预制柱和预制外墙临时支撑所需的预留预埋进行充分考虑，以尽量减少在现场预制构件上再钻凿。如图4-15所示，每个预制柱和预制外墙各需布置4根支撑，支撑的数量繁多，难以避免碰撞冲突，需要进行调整。

（a） （b）

（c）

图4-15 临时支撑布置验证

（a）预制柱支撑；（b）预制外墙支撑；（c）现场施工图

4.4.3 预制构件安装

1. 预制墙

预制墙板运入现场并检验合格后,可开始标准化安装,如图 4-16 所示。预制墙的安装主要包括以下步骤:

图 4-16 预制墙的安装
(a)定位与抹找平层;(b)预制墙板就位与临时固定;(c)坐浆;(d)注浆

(1)定位。根据施工图并结合经纬仪、钢尺等工具,确定墙体的轴线和外边线等,并保证轴线误差不超过 5mm。另外,为保证竖向套筒灌浆连接钢筋的位置准确,在浇筑前一层时可用专用的钢筋定位架来控制其位置准确性。

(2)抹找平层。先按标高抹好砂浆找平层,使其达到一定的强度,预制墙板就位前应浇筑素水泥浆。如不抹找平层,则采取先抹找平点的方法,待外墙板调整就位后，外墙板下面的缝隙及时捻塞密实的干硬性水泥砂浆。

（3）预制墙板就位。预制墙板起吊前，检查吊环，用卡环销紧，吊运到安装位置后缓慢下降就位。外墙板就位时，以外墙边线为准，做到外墙面顺直、墙身垂直、缝隙一致，企口缝不得错位。标高必须准确，防止披水台高于挡水台。严禁在披水台、挡水台部位撬动墙板，并注意保护其棱角和防水构造。

（4）预制墙板临时固定。墙板就位后，可采用临时固定卡具将墙板与大模板拉牢。大角处与山墙板相邻的两块外墙板应相互拉接固定，拉牢后方准脱钩。每层大角垂直度应用经纬仪检查一遍。

（5）插油毡条、聚苯板条、塑料条。对于预制外墙板，需将油毡条与聚苯板条预先粘牢，并一起插到防水空腔内。在浇筑混凝土前应检查嵌插是否完好。插塑料条时，上下端的做法应符合设计要求，塑料条宽度应适宜。

（6）插节点构造钢筋。预制墙板侧面伸出的钢筋套环应与相邻墙体的钢筋套环重合，将竖向钢筋插入重合的钢筋套环内。每块墙板与墙板交接处应至少插入3个套环，并绑扎牢固。

（7）坐浆与灌浆。在预制墙体吊装、插筋和调整完成后，需在墙体底部与楼板相结合处先后进行分仓和坐浆处理。待分仓和坐浆采用的砂浆凝固后，可在套筒灌浆连接处注入灌浆料。

（8）临时支撑必须在套筒灌浆施工及预制墙体间连接处的后浇混凝土施工完毕，且混凝土达到预期强度后，经检查确认无误后方可拆除临时固定设施。

2. 预制梁板

（1）吊具。预制梁和叠合楼板吊装时，为了避免因局部受力不均造成叠合板开裂，叠合板吊装采用专用框式吊架，预制梁采用点式吊索具，如图4-13所示。起吊前，仔细检查吊装用钢丝绳长度是否合适，绳结是否牢固，检查吊钉、吊环、卡具等，确认完好。

（2）吊装前准备。预制梁和叠合楼板吊装前，需用墨斗线弹出标高控制线，并复核水平构件的支座标高，对偏差部位进行切割、剔凿或修补，墙上留出的搭接钢筋不正不直时，要进行修整，以满足构件安装要求。

（3）搭设临时支撑。预制梁和叠合楼板可采用盘扣式脚手架作为临时固定措施，如图4-17所示。临时支撑需满足承载力、刚度及稳定性等要求。独立固定支撑包括竖向支撑杆、钢管、顶托及木方。一般垂直桁架钢筋方向为900mm，平行方向为 1200mm。

图 4-17 临时支撑

（4）起吊前先吊离地面 300mm 后暂停 30s，以调整构件水平度和检查吊装设备完好，确认构件平稳后所有人员离开 3m，再匀速移动吊臂靠近建筑物。预制梁板构件下放时，要做到垂直向下安装，并在靠近作业层上方 200mm 时暂停。施工人员手扶着梁板调整方向，待钢筋对位后将梁板缓慢下放。

（5）预制楼板定位并固定后，应按设计要求检查结合面粗糙度和预制构件外露钢筋的位置和尺寸。安装预制受弯构件时，端部的搁置长度应符合设计要求，支座处的受力状态应保持均匀一致。

（6）施工荷载宜均匀布置且应符合设计规定，并避免单个构件承受较大的集中荷载。支座连接应按设计要求施工，以及采取保证钢筋可靠锚固的措施。在后浇混凝土强度达到设计要求后，方可拆除模板支撑。

3. 预制柱

预制柱的施工过程主要包括预制柱进场验收、标高找平、竖向预留钢筋校正、预制柱吊装、柱安装及校正和灌浆施工。预制柱安装时，需符合以下要求：

（1）安装前应校核轴线、标高以及连接钢筋的数量、规格、位置。

（2）预制柱安装就位后，在纵横两个方向应采用可调的斜撑作为临时固定，并进行垂直度调整以及在柱子四角缝隙处加塞垫片。

（3）预制柱的临时支撑，应在灌浆料强度达到设计要求后拆除。当设计无具体要求时，混凝土或灌浆料应达到设计强度的75%以上方可拆除。

具体安装工艺为：

（1）标高找平。预制柱安装施工前，通过激光扫平仪和钢尺检查楼板面平整度，用铁制垫片使楼层平整度控制在允许偏差范围内。

（2）竖向预留钢筋校正。根据弹出的柱线，采用钢筋限位框，对预留插筋进行位置复核，确保预制柱连接质量。

（3）预制柱吊装。如图4-18（a）所示，预制柱吊装采用慢起、快升、缓放的操作方式。将预制柱吊离存放架并运至预制柱安装施工层。在预制柱就位前，应清理柱安装部位基层，然后将预制柱缓缓吊运至安装部位的正上方。

（a） （b）

图4-18 预制柱的安装

（a）吊装；（b）预制柱的安装及校正

（4）预制柱的安装及校正。将预制柱下落至设计安装位置，下一层预制柱的竖向预留钢筋与柱底部套筒全部连接。如图4-18（b）所示，吊装就位后，立即加设不少于2根斜支撑对预制柱进行临时固定，且斜支撑与楼面水平夹角不应小于60°。

（5）预制柱底接缝砂浆封堵，并采用连通腔注浆法在套筒内注入灌浆料，以使钢筋与套筒之间形成可靠连接。待灌浆料达到一定强度后，方可拆除临时支撑。

4. 预制楼梯

（1）吊具。预制楼梯吊装时，由于预制楼梯自身抗弯刚度能够满足吊运要求,故吊装时采用常规的长短钢丝绳或吊索即可。为了保证预制楼梯准确安装就位,需控制楼梯两端吊索长度,要求楼梯两端部同时降落至休息平台上。

(2)吊装前准备。根据施工图纸,弹出楼梯安装控制线,对控制线及标高进行复核。楼梯侧面距结构墙体需预留20mm空隙,梯井之间根据楼梯栏杆安装要求预留空隙。另外,在梯梁面放置钢垫片后,铺设细石混凝土找平,并检查竖向连接钢筋是否校正。

(3)起吊。用吊钩及长短吊绳吊装预制楼梯,吊装时设置2名信号工、1名挂钩人员、若干名安放及固定楼梯人员。吊装时由专人负责挂钩,待挂钩人员撤离至安全区域时,由下面信号工确认构件四周安全情况,指挥缓慢起吊,起吊到距离地面500mm左右,如图4-19(a)所示。塔式起重机起吊装置确定安全后,继续起吊。

(a)　　　　　　　　　　　　(b)

图4-19　预制楼梯的安装

(a)起吊;(b)安装

(4)安装。待楼梯板吊装至作业面上500mm处略作停顿,根据楼梯板方向调整,就位时要求缓慢操作,严禁快速猛放,以免造成楼梯板震折损坏,如图4-19(b)所示。根据水平控制线缓慢下放楼梯,对准预留钢筋,安装至设计位置。

第5章 装配式混凝土建筑全生命周期质量管理

5.1 质量管理及相关理论

5.1.1 全面质量管理

全面质量管理（Total Quality Management，TQM）是一种质量管理理念，最早由美国通用电气公司的质量管理部门主管费根堡姆（A.V.Feigenbaum）提出。它是一种以产品质量为核心的管理方法，旨在通过整合专业技术、管理技术和数理统计技术，建立一套科学、严密、高效的质量保证体系，以控制生产过程中影响产品质量的各种因素，并以经济的方式提供优质的工作和满足用户需求的产品。全面质量管理的实施需要企业所有部门、组织和员工都积极参与，并不断改进和优化生产流程，以达到持续提高产品质量的目标。这种管理理念涉及企业文化、组织结构、管理流程、员工培训等各个方面，需要全面考虑，以确保质量管理体系的有效性和可持续性。

1. 全面质量管理的含义

在理解全面质量管理包含的内容和含义时，应明确以下几点：

（1）质量管理的目的是充分满足需求（包括"利益相关者"各方的需求），其中最重要的是顾客的需求（包括内部和外部顾客）。利用现代化的信息手段和与顾客的接触面，进行调查研究，让全体组织成员了解顾客需求并将其转化为与工作过程相联系的质量标准或目标。

(2) 在全面质量管理中,要满足顾客的需求,单靠统计方法控制生产过程是不够的,还必须掌握质量管理的思想观点和理论方法,注重人的管理,从企业文化到组织、体系的建立,从资源优化到经营成果评价,都必须注重一系列组织协调工作。全面质量管理不仅是对生产过程的管理和控制,还包括对经营和工作过程的管理。

(3) 产品质量应兼顾"最经济的水平"和"充分满足顾客需求",企业质量管理的最终目的是提高产品和工作质量,满足社会和用户需求,而不是损害他们的利益,企业应从长远发展的战略角度考虑问题,合理有效地配置和使用资源,综合考虑数量、成本和价格等因素,控制成本,追求经济效益。

2. 全面质量管理的思想

全面质量管理的中心思想主要包括以下几个方面:

(1) 质量效益。即质量和效率,通过对产品、服务、管理流程和人员的不断改进,可以大大提高企业的利润水平。近10年来,一些世界知名的大型企业开展了全方位的质量管理活动。许多企业通过提高质量来提高利润,即只有提高质量才是长期提高企业盈利能力的唯一正确途径。

(2) 第一次把事情做对。TQM 的核心理念是坚信在大部分情况下,工作都可以达到无缺陷。在这个理念的指导下,全面质量管理注重预防、测量和过程控制,以实现质量改进的最终目标。质量保证是通过有计划、有系统的活动,第一次把事情做对,例如工作过程中的文件化、质量审核和质量保证等,以预防质量问题的产生。

(3) 竞争性水平对比。通过将一个企业的经营绩效与其竞争对手进行对比,帮助企业评估自身的优劣,并设计实用的计划以获得市场领先地位。这种对比主要集中在三个方面:产品和服务、工作过程和程序以及人力资源。通过对这三个方面进行对比评价,企业可以不断提高自身的竞争力,实现更好的经营绩效。

(4) 持续的质量改进。因为需求不断变化,所以质量的提升和改进是一个永无止境的过程。全面质量管理需要采用过程方法,对组织的产品、过程、体系和员工进行持续改进。

(5) 全员参与。质量与所有过程都有关,自然就与每个过程中的人都有关,从高层管理人员到各管理层,再到下层办事员、一般工人、后勤服务人员、企业中的每一个人都对生产优质产品、提供优质服务和降低质量成本负有责任。每个员工都有内部顾客，即接手其工作的人。因而与这些内部顾客一起讨论他们的要求是使他们满意的第一步。一般通过团队来实现，在他们的自然工作组织内提供全面质量管理培训，然后组成质量改善小组。

（6）团结协作精神。在团队工作中，团结协作精神是非常重要的概念，它强调整体效应大于各个部分之和的思想。这有助于增强团队成员之间的合作精神，协调各自的意见，激发创造性的争论和建议，从而使团队取得成功。

（7）认可和奖励。一个适当的认可和奖励体系对于企业活动至关重要，特别是对于鼓励基层员工积极参与质量改进。为此，管理者应该：

1）注重发现积极行为，鼓励成功而非批评失败。

2）公开表扬下属的积极行为，最大限度地扩大影响。

3）在认可和奖励时注重公正和真实，避免讽刺和夸大。

4）选择合适的时间给予认可和奖励。

全面质量管理的四个特点是全面性、全过程性、全员参与和科学管理，也是质量管理的指导思想。这意味着企业在实施质量管理过程中，需要对产品或服务、活动或过程、组织体系或员工等方面进行全面的质量管理，管理企业的全部生产、工作和经营全过程的每一个环节，并树立全员参与的理念，综合运用科学的管理方法和手段。除了全面、全过程、全员和科学管理的指导思想外，企业还应坚持"四个一切"的指导思想：一切以用户为中心、一切以预防为主、一切凭借数据说话、一切按照 PDCA 循环进行工作。

3. 全面质量管理的八大原则

（1）以顾客为中心

全面质量管理的第一个原则是以顾客为中心。在当前的经济环境中，任何一个组织都需要依赖其顾客。组织或企业通过满足或超越其顾客的需求，获得继续生存的动力和源泉。全面质量管理的核心在于以顾客为中心，通过持续的 PDCA 循环不断改进和提高质量，以满足顾客的需求和期望。

（2）领导的作用

全面质量管理的第二个原则是领导的作用。在一个企业中，从高层管理者到基层员工，每个人都应该参与到质量管理中。然而，领导层的作用更为重要，因为领导必须对质量管理给予足够的重视，并将其作为企业的核心价值之一。

（3）全员参与

全面质量管理的第三个原则是强调全员参与。20 世纪 70 年代，日本的 QC 小组数量达到 70 万个。目前，中国注册的 QC 小组数量已经超过 1500 万个。每年这些 QC 小组的活动给中国带来的收益超过 2500 亿元。因此，全员参与是全面质量管理思想的核心。所有员工都应参与到质量管理的活动中，共同努力实现全面质量管理的目标，提高企业的质量水平和经济效益。

（4）过程方法

全面质量管理的第四个原则是过程方法。这意味着必须将所有与质量管理相关的资源和活动作为一个整体过程进行管理。PDCA 循环实际上就是用来研究和改进这个过程的。因此，需要把注意力集中在产品生产和质量管理的全过程上。

（5）系统管理

全面质量管理的第五个原则是系统管理。在进行质量改进活动时，首先需要确定目标，并建立一个相互关联的过程体系来实现这些目标。由于产品生产不仅是生产部门的事情，所以需要组织所有部门共同参与这项活动，以最大限度地满足顾客的需求。这个过程需要不断地进行监督和改进，确保整个体系在不断地提高和完善。

（6）持续改进

全面质量管理的第六个原则是持续改进。这意味着不断地寻求改进方法，追求更高的质量水平。这需要持续地进行数据分析和反馈，找到潜在的问题并加以解决。统计技术和计算机技术的应用可以更好地支持持续改进工作。

（7）以事实为基础

全面质量管理的第七个原则是以事实为基础。这意味着在做出决策时，必须依据数据和信息进行分析和评估，而不是仅凭主观判断或假设。这样可以使决策更加准确和可靠，从而有效地改进质量。同时，也需要不断收集和分析数据，以便对质量管理活动进行持续改进。

（8）互利的供方关系

全面质量管理的第八个原则是建立互利的供方关系。通过与供应商保持良好的关系，组织可以提高其创造价值的能力，并促进双方之间的进一步合作，实现更大的共同利益。因此，全面质量管理的理念已经扩展到供应商管理领域。

4. PDCA 循环

PDCA 循环是一种通用的管理模型,最初由休哈特(Walter A. Shewhant)于 1930 年构想,后来由戴明(Edwards Deming)博士在 1950 年推广并广泛应用于持续改进产品质量的过程中。PDCA 循环按照 Plan(计划)、Do(执行)、Check(检查)和 Act(行动)的顺序进行质量管理,不断循环进行的科学程序。全面质量管理活动的整个过程都是按照 PDCA 循环进行的,这个过程就是按照科学程序不停地进行下去。PDCA 循环已经成为有效进行任何活动的一种逻辑工作程序,在质量管理领域得到广泛应用。

PDCA 循环作为全面质量管理体系中的基本方法,其运转需要不断收集大量的数据和信息,并综合运用各种管理技术和方法。无论是提高产品质量还是降低不合格品率,都必须按照 PDCA 循环的科学程序进行。首先要确定目标并制定计划,明确实现目标所需采取的措施;然后进行检查,核查是否达到预期效果,并查找问题和原因;最后对结果进行处理和总结,制定标准和流程,以便日后遵循。只有通过不断的 PDCA 循环,不断地改进和完善,才能不断提高质量水平,实现全面质量管理的目标。

PDCA 循环具有以下特点:

(1)PDCA 循环是一种适用于企业和工程项目的基本方法,通过大环套小环的形式,使各级部门围绕总目标朝着同一方向转动,形成层层循环,实现各项工作的协同和促进。

(2)PDCA 循环可以不断推进和提高,就像爬楼梯一样,每个循环的结束都代表着生产质量的提升,制定下一个循环后再次运转、提高,实现持续不断的进步和提高。

(3)PDCA 循环是一种形象化的科学管理方法,可以通过循环的方式将各项工作联系起来,并综合运用各种管理技术和方法,实现质量的不断提高和持续改进。

5.1.2 精益质量管理

精益质量管理是源于丰田汽车公司的一种先进管理模式,旨在提高企业的质量管理水平和产品质量。该模式结合各种精益工具,通过优化流程、消除浪费,实现持续改进,并通过质量控制方法预防和监管产品生产过程中的质量问题,从而降低不合格品的比例。精益管理的核心理念是持续改进和优化，通过不断追求更高的目标，不断提高企业的生产效率和产品质量。精益管理还注重在失误发生时立即进行处理，避免不合格品流入其他工序，从而确保产品质量的稳定性和可靠性。

1. 精益质量管理原则

精益质量管理原则是精益管理的核心，旨在通过消除浪费和不必要的步骤来提高质量和效率。它由詹姆斯·沃麦克和丹尼尔·琼斯总结而成，包含了精益质量管理的核心要点。

（1）制定准确的目标质量标准。精益质量管理的核心是以顾客为中心，确定客户的需求和价值，进而制定准确的目标质量标准。与传统的大批量生产相比，精益生产更加关注消费者的个性化需求，以满足客户的期望和需求为出发点，不断提高产品的质量和价值，增强企业的竞争力。精益质量管理通过消除浪费和提高效率，从而更好地满足客户需求，同时还可以降低企业成本和不合格品率，实现企业效益和质量的双赢。

（2）识别价值流。企业应首先确定产品的价值，也就是找到企业的生产目标，然后对赋予产品价值的过程进行分析，找到哪些步骤会增加产品价值，哪些步骤与增加产品价值无关。通过减少无关增值活动中不必要的步骤，消除浪费，降低企业成本，从而增加企业的竞争力。价值流则是指整个创造价值的过程，包括从产品设计到投产的过程、从订单到交付的信息过程、从原材料到成品的转化过程，以及整个生命周期的支持和服务过程。

（3）让价值流流动。让价值流流动就是让产品的增值活动能持续不间断地进行下去。精益思想认为，企业应该减少产品停顿的次数和时间，加强各工序之间的衔接，避免半成品的堆积，从而实现生产过程的连续性和流畅性，提高生产效率和降低成本。精益管理注重从全局上把握生产，采用全过程管理的思想，贯穿于生产的始终，通过持续的优化和改进，提高产品质量和管理水平，达到提高企业竞争力的目的。精益管理不仅是一种管理方法，更是一种全员参与的文化和理念，需要全体员工共同努力和协作，共同营造良好的生产和管理环境。

（4）需求拉动生产。精益生产的企业能够快速响应客户需求，从产品的设计到生产再到交付都能够高效连贯地完成。在这个过程中，企业内部的各个生产环节之间也能够高效衔接，及时提供符合标准的半成品，以满足需求拉动生产的要求。这种高效生产的方式不仅能够提高企业的竞争力和市场份额，同时还能够提高生产效率、降低成本，并且能够保证产品质量符合标准。

（5）尽善尽美。精益质量管理的目标是提供满足客户需求的产品，精益管理认为企业应该不断优化质量管理方法，实现质量的不断提升。在精益质量管理中，强调以人为本的思想，试图让每个员工都对产品质量有着高度的认识和自觉性，将质量控制融入企业文化中，通过培训和教育，使员工在日常工作中能够更加注重产品质量，并将之视为企业生产经营的重要组成部分，从而提高企业产品的整体质量水平。

2. 精益质量管理特点

（1）以事实和数据驱动

精益质量管理强调通过对生产过程中问题的归纳和分析，总结问题出现的原因，并利用统计学方法分析数据，找到问题的根本原因。与其仅解决问题，更重要的是预防问题的发生，通过制定有针对性的预防对策来减少问题的发生概率。同时，精益质量管理也注重持续的改进，收集生产数据与之前的数据相比较，评估改进效果，并不断推动企业生产管理向更加高效、优质的方向发展。

（2）以小组形式推进

精益质量管理强调持续改进，但将员工视为单个个体来优化，容易导致乏味和难以持续进行。此外，实施精益质量管理需要团队协作。首先，小组需要有人负责全局把控，合理分配资源；其次，小组需要有人负责制定具体的实施方案和优化方案。选择合适的团队成员可以使团队分工合作，提高工作效率，实现协同作用，从而达到"1＋1＞2"的效果。

（3）追求零缺陷

精益质量管理注重人才培养，认为员工是提高产品质量的核心因素。企业的客户是企业发展的基础，因此应该以客户需求为导向制定产品生产标准。精益质量管理的最终目标是实现零缺陷生产，即在没有浪费的情况下达到高品质的目标，并通过对产品生产过程进行质量控制和不断改进来实现。

5.1.3 全生命周期质量管理

无论是全面质量管理还是精益质量管理，质量管理都涉及建设项目的全生命周期。而装配式混凝土建筑全生命周期质量管理是指在装配式混凝土建筑的规划设计、生产运输、施工安装、运营维护等各个环节中，全面把控质量，确保装配式混凝土建筑的整体质量达到预期标准、满足用户需求的管理方法。

1. 全过程质量管理内容

（1）规划设计阶段质量管理

由于设计阶段的工作质量直接影响后续的生产和施工质量。因此，设计阶段要充分交流，向构件生产单位和施工单位进行交底，论证方案可行性，减少后期的拆改。此外，设计过程中要体现标准化和规范化，确保施工过程中的一致性和可预测性。同时，构件生产单位和施工单位需要在前期就介入并参与设计，共同配合设计单位工作，减少建设阶段设计变更情况，提高项目建设的规范化和效率。装配式混凝土建筑规划设计阶段质量管理如图 5-1 所示。

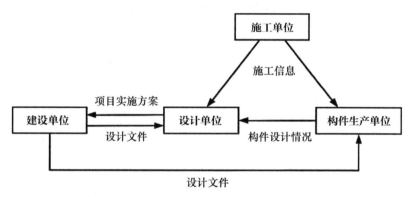

图 5-1　装配式混凝土建筑规划设计阶段质量管理

（2）生产运输阶段质量管理

装配式混凝土建筑的生产阶段主要包括构件制作、构件堆放和构件运输等流程，每个环节都需要进行质量管理。在构件制作阶段，需要从"人、机、料、法、环"等多方面考虑，通过提高管理人员的质量管理能力和员工的质量意识、引进高精度生产线以及严格控制生产环境等方式来确保构件生产过程的质量。同时，还需要与设计单位和施工单位进行不断深化协调，以保证成品构件满足使用要求。在构件堆放过程中，要保证构件的强度，控制存储环境、存储措施和存储时间等，以避免构件出现损坏或变形等情况。在构件运输阶段，质量管理内容主要包括构件的保护措施和运输路线的选择，以尽可能避免构件在运输过程中出现损坏或超出接受范围的情况。通过对每个阶段进行全面、系统的质量管理，可以确保装配式混凝土建筑的生产过程及成品质量的稳定性和可靠性。装配式混凝土建筑生产运输阶段质量管理如图 5-2 所示。

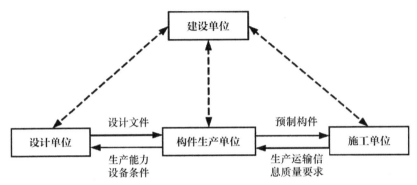

图 5-2　装配式混凝土建筑生产运输阶段质量管理

（3）施工安装阶段质量管理

施工安装阶段是装配式混凝土建筑全生命周期中最为关键的阶段，也是最具复杂性和挑战性的阶段。在这个阶段中，需要采取一系列质量管理措施，以确保施工过程中质量问题的最小化。这些措施包括但不限于：合理的施工方案的制定，严格的施工规范的执行，全面的质量检测和控制，以及科学有效的组织管理。此外，对于材料和机械的选择、信息化的交流、创新技术的引进和应用等方面的决策也会对质量管理产生重大影响。在整个施工过程中，需要不断调整和改进管理措施，提高质量管理水平，保证施工进程的顺利进行和最终的建筑质量达到预期要求。装配式混凝土建筑施工安装阶段质量管理如图 5-3 所示。

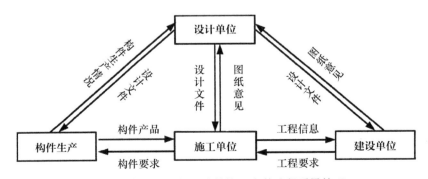

图 5-3　装配式混凝土建筑施工安装阶段质量管理

（4）运营维护阶段质量管理内容

装配式混凝土建筑运营维护阶段是对其整个使用寿命进行监控和分析，以便发现和解决任何存在的问题，以确保建筑的稳定运行。在运营维护过程中，关键是处理和优化建筑中出现的复杂和连续变化的质量问题。随着运营维护环境的不断改善和优化，技术人员也将逐渐退出这个领域。日常管理运营维护主要涉及控制整个管理信息系统的运行状态，以实现对应用程序和不同区域的变更和跟踪、对环境的预测和应用风险的预防管理等。

2. 全生命周期质量管理特点

（1）系统性

装配式混凝土建筑是由相互作用、相互辅助的部分组合而成的系统，其全生命周期分为规划设计、生产运输、施工安装、运营维护四个阶段，每个阶段都有其独立的工作流程和质量管理要求。因此，可以将每个阶段的质量管理视为一个子系统，在整个装配式混凝土建筑全生命周期中构成一个完整的质量管理系统。从横向的角度来看，每个阶段的质量管理子系统相互关联、相互作用，共同构成了装配式混凝土建筑的全生命周期质量管理系统；从纵向的角度来看，每个阶段的质量管理子系统都在服务于整个装配式混凝土建筑的全生命周期质量管理系统。

（2）阶段性

装配式混凝土建筑全生命周期的四个阶段，每个阶段中的关键考虑因素和质量问题都不同，因此装配式混凝土建筑质量管理具有一定的阶段性特征。每个阶段都可进一步细分为作业前、作业中、作业后三个阶段，不同阶段中的质量管理重点和措施也各不相同。因此，在装配式混凝土建筑全生命周期内，质量管理需要根据不同阶段和不同作业阶段的情况进行调整和协调，以确保装配式混凝土建筑的质量和稳定运行。

（3）动态性

装配式混凝土建筑质量管理不是一次性完成的，而是不断演进、持续更新的过程。随着科技、市场、环境等因素的变化，装配式混凝土建筑质量管理方法和要求也需要随之调整和更新。因此，及时更新和完善质量管理措施，适应不断变化的环境，以保证整个生命周期中的质量稳定和可持续发展。

5.2 全生命周期质量管理问题分析

5.2.1 规划设计阶段

在装配式混凝土建筑质量管理中,设计阶段的成果对后续阶段的质量有着至关重要的影响。研究表明,设计精度低、缺乏协同沟通以及缺少专业人员是当前装配式混凝土建筑质量管理存在的主要问题。该建筑类型是在工厂生产并在工地安装的,在质量管理流程中需要衔接构件生产和施工这两个阶段。因此,在设计阶段应考虑构件生产和施工一体化的问题。然而,目前我国装配式混凝土建筑在设计阶段缺乏统一性设计,各设计单位独立进行,这容易导致构件在生产阶段出现尺寸偏差的问题,进而影响施工阶段的正常连接和拼合。这会增加成本、浪费人力和物力资源,并最终影响整个建筑的质量。

此外,装配式混凝土建筑设计人员专业水平存在不足。例如,大多数设计单位缺乏对装配式混凝土建筑的设计掌控能力,其对设计人员的培训体系也不完善。这些设计人员缺乏集成设计经验,其对装配式设计的理解不够深刻,导致设计、生产、施工环节相互分离。同时,这也反映出设计单位缺乏前瞻性,与其他参与方之间的沟通不够深入。当前,装配式混凝土建筑在方案设计和初步设计阶段还未形成科学合理的技术方案,构件深化设计与初步设计、施工图设计脱节,未能融入建筑工业化的理念。不同设计单位之间标准、模数系统不统一,给质量管理带来更多的不确定性。

5.2.2 生产运输阶段

在装配式混凝土建筑构件生产阶段,主要存在以下问题影响质量管理:首先,前期准备方面缺乏充分考虑,例如原材料采购不达标,会直接影响构件的品质;其次,生产工艺方面需要进一步提高,例如缺乏自动化生产设备、工人技能培训不到位等,会导致构件的精度不够,加工不合格;最后,质量检查方面缺乏标准,未能确保构件质量的稳定性。此外,生产人员的专业素质不够,会使得构件生产过程中出现的问题无法及时发现和解决，加剧质量问题。另外，生产资料记录不完整也是一个问题，这可能会导致后续无法追溯问题的根源。构件的堆放与运输方案规划能力不强，可能会使构件在运输过程中损坏或者尺寸变形，进而影响后续施工。

此外，构件在运输过程中可能会遭受路况、驾驶员技术、保护措施等不良因素的影响，导致构件发生位移或碰撞，甚至破损、开裂，进而造成质量问题，对建筑项目的整体质量产生不利影响。为了确保构件的充足供应，不可避免地需要进行存储和堆放，但若长时间堆放则可能损害构件的强度，导致质量下降。因此，在统计构件需求量的同时，应确保在一定弹性范围内正常供应，并尽量避免长时间堆放情况的发生。

5.2.3 施工安装阶段

目前人员、机械、材料、方法和环境这五个方面是导致装配式混凝土建筑质量管理问题产生的主要原因。

（1）人员。装配式混凝土建筑还处于国家推动的层面上，其项目经验相对较少，导致项目管理人员、施工技术人员的经验和知识水平有待提高，难以满足装配式混凝土建筑的质量要求。另外，我国建筑业的工人大多为进城务工人员，由于培训不足，技能和素质不能胜任装配式混凝土建筑的施工要求。这些问题导致管理人员、技术人员和工人的素质整体水平较低，进而影响装配式混凝土建筑的质量。此外，装配式混凝土建筑发展时间短，市场上现浇混凝土项目仍占主导地位，装配式混凝土建筑的项目管理人员和施工技术人员缺乏经验，这也加大了质量问题的发生概率。因此，装配式混凝土建筑产业需要更加严格的人员筛选和教育，提高管理人员、技术人员和工人的素质水平，从而保证项目的质量和安全。

（2）机械。装配式混凝土建筑对机械化操作的要求很高，例如墙板拼缝误差要求极高，传统的建筑机械难以满足如此高精度的要求，而目前能够更新、适用于装配式混凝土建筑的机械设备的建筑企业数量较少，装配式混凝土建筑整体施工质量难以保证。因此，市场上需要加快研发适合装配式混凝土建筑施工的机械设备，并在施工现场加强机械设备的保管和养护，以避免损坏从而影响施工质量。

（3）材料。在装配式混凝土建筑中，材料方面存在的问题主要源于预制构件。这些问题主要有两种情况。第一种是在预制构件生产过程中出现的质量问题，即构件在出厂时质量不合格。第二种是在运输和堆放过程中出现的损坏问题，例如未使用适当的垫衬来保护构件的边角或未选择正确的支撑点等。如果这些问题在构件安装过程中未被及时发现，很容易导致建筑质量出现问题。

（4）方法。装配式混凝土建筑的施工工艺需要不断创新和改进。目前，现有的坐浆工艺、构件安装工艺等仍存在一些不足之处。例如，缺乏科学的方法测量坐浆层厚度，容易导致浆层薄或者厚且偏移的问题，进而影响建筑质量。此外，若未对楼板充分润湿或者清理不彻底，会导致楼板与墙板之间的连接度达不到要求。同时，由于缺乏及时的洒水养护，容易出现墙体裂缝现象，进而影响建筑的整体质量。因此，需要不断完善和优化施工工艺，引进科学的测量方法，加强对施工过程的管理，确保建筑质量达到要求的标准。

（5）环境。装配式混凝土建筑的质量受到多方面环境的影响，其中包括自然环境、作业环境、政策环境和市场环境。在自然环境方面，冬期、雨期以及台风等恶劣天气会影响施工进度和质量。在作业环境方面，装配架和构件堆放不合理、仓库规划不充分、机械工具摆放混乱等问题都会对施工质量产生影响。在政策环境方面，装配式混凝土建筑的相关规范、政策标准等也会对质量产生影响。在市场环境方面，市场对于装配式混凝土建筑的接受度也会对其质量产生一定的影响。因此，在进行装配式混凝土建筑施工时，需要注意多方面环境的影响，加强管理和规范，以提高建筑质量。

5.2.4 运营维护阶段

在装配式混凝土建筑中，质量管理需要关注整个建筑全生命周期中的运维阶段，这也是建筑质量的重要体现。运维阶段的质量管理主要包括两个方面：一是施工单位执行工程质量保修制度的情况，二是建筑物保修期满后的完损程度定级和维护管理。施工单位负责在保修期内处理出现的质量问题，但在保修期结束后，物业单位就需要承担对建筑物的质量管理责任。然而，一些物业单位管理能力较弱，缺乏足够的运维经验，难以有效控制整个建筑的质量。因此，需要加强物业单位的质量管理能力和建筑维护管理，确保建筑质量得以长期保持。

5.3　BIM在全生命周期质量管理的适用性

预制装配式混凝土建筑技术与传统建筑有很大的区别。相比于传统的现浇混凝土系统，预制装配式混凝土建筑目前的技术仍不够成熟，技术难度较高，施工和质量管理存在诸多挑战。BIM技术在预制房屋质量管理中的应用为管理者提供了全新的技术支持和管理方法，能够改善项目参与方之间的沟通，提高质量交底的效率和直观性，通畅施工过程，预防质量问题，减少质量事故的发生，提高质量管理水平。下面将从技术、经济和环境三个方面详细分析BIM在预制装配式混凝土建筑质量管理中的适用性。

5.3.1　技术适用性

1. 空间规划

现场施工是预制装配式混凝土建筑质量管理中的一个重要环节。在市中心等场地有限的地区，合理利用场地和规划场内道路是提高预制构件建筑质量的有效途径。场地规划包括施工场地、居住区、材料通道、临时水电线路等的合理安排，以及垂直输送机械、材料堆放、围栏和入口点等的选择。然而，随着施工活动的进行，施工规划需要不断适应变化。现场布置规范、施工区域修改、预制构件吊装阶段材料和设备的使用、施工现场人员的办公和住房需求等因素都需要考虑到。通过结合BIM技术，综合考虑各利益相关方的需求，科学合理地规划现场施工，可以有效提高预制装配式混凝土建筑的施工质量，预防质量问题的发生。

2. 施工质量交底

在一个建筑项目开始之前，需要进行大量的准备工作。工人必须全面了解工程概况、施工技术要求、施工条件和施工措施等。对于预制装配式混凝土建筑来说，施工过程与传统建筑有所不同，因为新的方法和程序需要重新学习和掌握。由于工人的质量水平难以达到一致性，实际施工过程中可能会出现差错或事故。进行质量设计交底可以使工人直观地了解施工过程和工艺，并对质量和工作内容有深入的了解，这有助于有效地配合各工序，提高效率，缩短施工时间。

3. 施工系统设计

对于必须编制施工方案的人员，可以通过BIM技术创建多个施工项目，模拟执行各种施工方案，并选择适当的质量控制方法。同时，还可以利用BIM技术对施工过程进行可视化展示，为施工人员提供直观的质量交底，提高施工效率和质量管理水平。此外，对于特殊的施工项目，如塔机运行和外吊架施工等，也应制定相应的施工方案并结合BIM技术进行质量控制。这样可以有效减少质量问题和事故的发生，保证施工质量和进度。

4. 质量与文明施工

在施工阶段，将质量要求和文明施工方法与三维规划布局相结合。技术人员可以在不同的施工阶段考虑文明施工，包括防尘、土建和环境保护要求等，同时在建筑场地的布置中也要充分考虑这些因素。借助BIM技术的漫游功能，可以实现可视化管理，使得各方面的要求更加清晰、具体，同时也更容易监测和控制施工现场的状况，以确保工程质量和文明施工。

5. 危险区域的识别和划分

BIM技术的4D模型可以帮助识别施工过程中的潜在质量问题，并为决策者提供全面支持。通过现场巡检频率的描述，将存在质量问题的区域用不同的颜色表达，并对不同质量等级的区域进行标识。此外，BIM技术还可以用于保证隧道和高山工程的质量。

6. 施工空间冲突管理

在大型施工现场，通常需要使用多台塔式起重机。如果没有合理的规划和安排，这些塔式起重机之间可能会相互干扰，导致质量事故的发生。因此，应当充分考虑塔式起重机的位置规划，避免它们互相干扰或发生物体打击、机械伤害等情况。为此，可以采取错开或独立的方式来规划塔式起重机的工作区域，以最大限度地确保施工现场的安全和质量。

7. 质量控制实施

BIM是一种多维模型，可以与视频监控技术相结合，将现场实况和模型相连。通过这种方式，所有参与项目的人员都能实时监测施工过程，从而有效解决质量控制不足的问题。此外，还可以将计划的质量活动与实际完成的质量活动进行比较，这样可以更好地适应设计要求，满足施工质量的要求。

8. 数字化培训

BIM 集成了丰富的信息，为质量培训提供了全面的参考资料。通过 BIM 的可视化技术，施工人员可以更直观地了解施工过程中的复杂工艺和技术要求，提高学习效率，降低培训成本。同时，BIM 培训也可以帮助施工人员更好地掌握相关技术要求，提高专业技能和教育水平。通过对数字质量的有效检验，BIM 培训可以更好地提高质量控制和管理水平。

5.3.2 经济适用性

BIM 技术在建设项目中的应用需要投入一定的成本，包括软硬件设备和技术人才培训等方面。虽然一些 BIM 软件提供商的服务成本比较昂贵，但是采用 BIM 技术可以有效降低施工质量事故的风险，从而避免企业面临医疗费用、抚恤金等昂贵的赔偿，以及工期延误造成的违约等经济损失。此外，质量事故也会直接或间接地影响企业的形象和资质，带来长期的经济损失。因此，采用 BIM 技术进行施工质量管理，不仅可以提高施工效率和质量，还可以降低企业面临的经济风险和损失。从经济效益和经济适用性的角度来看，BIM 技术的成本是微不足道的。

5.3.3 环境适用性

近年来我国在低碳经济和绿色建设方面取得了巨大进展，积极推进建筑业的工业化和计算机化，以服务人民的需求为宗旨。住房和城乡建设部提出的发展物质需求的概念，旨在推广信息技术在建筑项目管理中的应用，建立完善的施工质量监控信息系统，记录和汇总现场人员质量信息、机械设备和临时设施的信息，进而分析与实施联网和信息交流，提高施工监测质量。在此背景下，装配式混凝土建筑与 BIM 技术成为产业化和信息化相结合的产物，得到政策和经济环境的大力支持。装配式混凝土建筑"四节一环保"的特点符合环境保护要求，同时双模技术为装配式混凝土建筑的开发提供了可靠的技术支持，使得装配式混凝土建筑和 BIM 技术的结合成为现实。这种结合不仅能提高建筑生产效率，降低建筑施工过程中的碳排放和污染物排放，还能提高建筑的质量和安全性。因此，装配式混凝土建筑和 BIM 技术的结合具有良好的发展前景及广泛的应用前景。

5.4 BIM 在全生命周期质量管理中的价值优势

BIM 技术是一种信息收集和可视化的过程，它的核心是建立一个平台来收集和展示相关信息。这个过程具有模拟性、协调性、优化性、可视化和可出图性五大特点。在装配式混凝土建筑质量管理中引入 BIM 技术，将使质量管理更加准确和高效，并且具有非常重要的现实意义。

5.4.1 BIM 在规划设计阶段的价值优势

1. 提高设计效率

在装配式混凝土建筑设计中，各专业设计人员需要密切合作，因为预制构件需要进行各种预埋和预留的设计。使用 BIM 技术构建的设计平台能够帮助各专业设计人员快速传递各自专业的设计信息，实现设计方案的同步修改。通过 BIM 技术和云端技术，各专业设计人员可以将包含各自专业设计信息的 BIM 模型上传到 BIM 设计平台。使用碰撞检测和自动纠错功能，可以自动筛选出各专业之间的设计冲突，并帮助设计人员及时发现存在的问题。在装配式混凝土建筑中，预制构件的种类和样式繁多，出图量大。通过 BIM 技术的协同设计功能，某一专业设计人员修改的设计参数能够同步无误地被其他专业设计人员调用，从而方便配套专业设计人员进行设计方案的调整，节省各专业设计人员的时间和精力。

除此之外，通过给予装配式混凝土建筑专业设计人员、构件拆分设计人员以及相关技术和管理人员不同的管理和修改权限，可以让更多的技术和管理专业人员参与到装配式混凝土建筑的设计过程中，提出自己专业领域的意见和建议，减少预制构件生产和装配式混凝土建筑施工中的设计变更，提高业主对装配式混凝土建筑设计单位的满意度，从而提高装配式混凝土建筑的设计效率，这也有助于减少或避免由于设计原因造成的项目成本增加和资源浪费。

2. 实现标准化设计

BIM 技术可以实现装配式混凝土建筑设计信息的开放和共享，设计人员可以将设计方案上传到云端服务器上,并在云端服务器中整合设计信息和建立预制构件"族"库。随着"族"库的不断积累和丰富,设计人员可以对同类型的"族"进行优化,从而形成装配式混凝土建筑预制构件的标准形状和尺寸。同时,有助于建立通用的设计规范和标准,并积累和丰富装配式混凝土建筑的设计户型,节约户型设计和调整的时间。同时,标准化的"族"库还有助于满足居住者多样化的需求,从而提高装配式混凝土建筑的适用性和可持续性。

3. 降低设计误差

在装配式混凝土建筑设计中,BIM 技术可以提高预制构件的精确性和装配准确性。设计人员可以利用 BIM 技术对装配式混凝土建筑的预制构件进行精准的设计和定位,包括预制构件的几何尺寸、内部钢筋直径、间距、钢筋保护层厚度等参数。通过 BIM 模型的三维视图,设计人员可以直观地观察待拼装预制构件之间的契合度,并利用 BIM 技术的碰撞检测功能,分析预制构件结构连接节点的可靠性,从而避免预制构件之间的装配冲突,这有助于提高装配式混凝土建筑的施工准确性和装配效率,减少由于设计粗糙和误差导致的工期延误和材料浪费。

5.4.2 BIM 在生产运输阶段的价值优势

1. 优化整合生产流程

预制构件生产是装配式混凝土建筑生产过程中的重要环节,也是连接设计和施工的关键环节。为了确保预制构件生产中所需加工信息的准确性,预制构件生产厂家可以直接从装配式混凝土建筑 BIM 模型中提取预制构件的几何尺寸信息,制定相应的构件生产计划,并在生产过程中向施工单位传递构件生产的进度信息。为了保证预制构件的质量和建立装配式混凝土建筑质量可追溯机制,生产厂家可以在预制构件生产阶段为各类预制构件植入含有构件几何尺寸、材料种类、安装位置等信息的 RFID 芯片,通过 RFID 对预制构件进行物流管理,提高预制构件仓储和运输的效率。

2. 加快模型试制过程

在装配式混凝土建筑设计方案完成后,为了确保施工进度和质量,设计人员将 BIM 模型中包含的各种构配件信息与预制构件生产厂商共享。生产厂商可以直接获取预制构件的尺寸、材料、钢筋等级等参数信息，这些设计数据和参数可以通过条形码的方式直接转换为加工参数，从而实现装配式混凝土建筑 BIM 模型中的预制构件设计信息与装配式混凝土建筑预制构件生产系统的直接对接，这样可以提高装配式混凝土建筑预制构件生产的自动化程度和生产效率。同时，利用 3D 打印技术，设计人员可以直接将装配式混凝土建筑 BIM 模型打印出来，从而极大地加快装配式混凝土建筑的试制过程。通过校验打印出的装配式混凝土建筑模型的合理性，可以更加准确地评估原有设计方案的可行性，从而提高装配式混凝土建筑设计的质量和准确性。

5.4.3　BIM 在施工安装阶段的价值优势

1. 实现智能化管理

在预制构件生产过程中，嵌入含有安装部位及用途等信息的 RFID 芯片，可以帮助存储和物流配送人员实现电子信息自动对照，避免人工验收和物流过程中出现的问题，减少成本和时间。在施工阶段，施工人员可以通过 RFID 技术直接调取预制构件的信息，提高预制构件安装过程的质量管理水平和安装效率。同时，预制构件的 RFID 芯片可以帮助管理人员对预制构件进行分类存储，避免出现库存管理混乱的问题。通过 BIM 技术和 RFID 技术的结合，可以实现装配式混凝土建筑预制构件的智能化管理，提高装配式混凝土建筑生产和施工效率，降低成本，提高装配式混凝土建筑的整体质量。

2. 提高施工现场管理效率

装配式混凝土建筑施工过程需要考虑吊装工艺、施工机械化程度和安全保证措施等因素，可以利用 BIM 技术进行施工模拟和仿真，优化施工流程并完善安全管理预案，避免质量和安全事故的发生。此外，BIM 技术还可以优化现场场地布置和车辆行驶路线，减少预制构件和材料场地内的二次搬运，提高垂直运输机械的吊装效率，加快装配式混凝土建筑的施工进度。通过 BIM 技术的应用，施工单位可以更好地控制施工进度，降低施工成本，提高施工效率和安全性。

3. 5D 施工模拟优化施工、成本计划

BIM 技术的应用可以将传统的"3D—BIM"模型转化为"5D—BIM"模

型，将时间和资源维度加入模型中，从而实现动态施工规划，不仅可以帮助施工单位在整个施工过程中进行全方位的资源管理和规划。通过建立"5D—BIM"模型，施工单位还可以在模拟过程中直观地了解各个阶段的施工工艺、进度计划安排和分阶段资金、资源投入情况。同时，可以帮助施工单位发现原有施工规划中存在的问题并进行优化，从而避免由于考虑不周引起的施工成本增加和进度拖延。施工管理人员可以利用"5D—BIM"模型进行施工模拟，优化施工方案和顺序、合理安排资源供应、优化现金流，实现施工进度计划及成本的动态管理。

5.4.4　BIM 在运营维护阶段的价值优势

1. 提高设备维护管理水平

利用 BIM 和 RFID 技术搭建的信息管理平台，能够建立装配式混凝土建筑的预制构件及设备运营维护系统，实现建筑和设备的信息化管理。例如，利用 BIM 技术的资料管理和应急管理功能，消防人员可以通过 BIM 信息管理系统准确定位火灾发生位置，并掌握火灾发生部位所使用的材料，实施精准灭火。此外，运维管理人员在进行装配式混凝土建筑和附属设备维修时，可以从 BIM 模型中直接获取预制构件、附属设备的型号、参数和生产厂家等信息，提高维修工作效率。这个信息管理平台可以使运营维护工作更加高效和精准，从而降低运营成本，延长装配式混凝土建筑的使用寿命。

2. 加强质量和能耗管理

通过在预制构件中嵌入 RFID 芯片，BIM 软件可以对预制构件的生产厂商、安装人员、运输人员等信息进行记录和追溯，从而在后期运维过程中能够更加清晰地了解构件的历史信息，准确地找出质量问题的根源，并追溯责任的归属。此外，BIM 技术还可以实现预制装配式混凝土建筑的绿色运维管理。通过在预制构件中嵌入 RFID 芯片，BIM 软件可以对建筑物使用过程中的能耗进行实时监测和分析，运维管理人员可以根据 BIM 软件的数据分析结果，准确地定位高耗能的位置，并进行相应的优化。同时，在拆除预制建筑时，通过 BIM 模型对可回收利用的资源进行筛选和定位，实现资源的二次利用，节约资源，避免浪费。

5.5 基于 BIM 的全生命周期质量管理应用

根据装配式混凝土建筑项目的建设目标,通过 BIM 技术,结合全面质量管理和精益质量管理思想,进行装配式混凝土建筑规划设计、生产运输、施工安装、运营维护等全生命周期质量管理,各阶段具体质量管理应用如下。

5.5.1 规划设计阶段质量管理应用

1. 基于 BIM 的建筑模型管理

由于 BIM 技术具有可视性、协调性、模拟性、优化性、可出图性等优势,在装配式混凝土建筑项目的设计阶段中可生成建筑信息模型。目前国内 BIM 技术的应用仍存在一定的限制,主要集中在将 2D 平面图纸转化为 3D 模型呈现。为了充分利用建筑信息模型,实现装配式混凝土建筑全生命周期的质量管理,设计阶段需要发挥建筑信息模型的最大作用,从生产运输、施工装配到后期运营维护阶段都应有信息化管理的支持。

通过在建筑信息模型中加入时间、成本、质量三个维度,以及采用轻量化技术,可以实现装配式混凝土建筑的 6D 信息管理。这种管理方式能够全面、直观地展现建筑项目的建设进度、成本状况以及质量达标情况。各参与方可以清晰地了解装配式混凝土建筑的规划设计、生产运输、施工安装以及运营维护情况,提高信息化管理效率。

利用信息化管理平台,生产方可以获取预制件的相关信息,包括构件类型和数量、构件基础信息、深化详图、构件组成信息以及其他相关信息,这些预制件信息将以 6D 模型的形式传递给生产方进行交底和校对。同时,生产方可以通过流程化管理进行库存管控、物料管控、进度管控、质量管控和成本管控,以确保预制件生产过程的质量和效率。此外,结合 GIS 地理信息系统,可以进行物流管控,以确保预制件在运输过程中的实时位置掌控。通过建筑信息模型管理,可以保证预制件在生产过程中的质量达标,促进工厂的精细化质量管理。在进入施工阶段之前,预制件将经历多重质量检验,包括隐检、成品检验、入库、装车、卸车和安装等核心环节，以确保预制件符合质量要求。

在施工安装阶段，通过BIM平台、构件的模型数据和智慧工地等相关技术，基于精益质量管理理论，从质量节点管控、人员行为管控、施工布局管控和施工流程管控四个方面进行管理，实现装配式混凝土建筑施工装配过程质量节点的实时监管、构件可视化预拼装、安装流程模拟和堆场优化等，以达到装配化施工、智能化运作和信息化管理的目标。施工装配阶段的质量管控需要经过竣工验收，若合格则进入后期运维阶段的质量管理，否则需要进行修正和检查。

在运营维护阶段，以规划设计、生产运输、施工安装三个阶段为基础，利用建筑信息模型的信息结合轻量化、物联网、云计算等技术，整合相关终端设备，存储设备设施品牌、生产厂家等信息，以便后期能够提供应急服务，并进行建筑项目设备设施管理、物业空间管理和能耗监测。如果出现问题，通过后期运营维护阶段的运维管理和质量责任追溯系统，能够高效地查找、解决问题和追溯相关责任人，并定期对项目进行预防性检查。

具体的建筑信息模型管理流程详见图5-4。

2. 基于BIM的规划设计流程管理

目前常见的设计阶段工作流程如图5-5所示，设计阶段主要分为方案设计、初步设计和施工图设计三个阶段。在这三个阶段中，主要确定装配式混凝土建筑的结构体系和预制件类型，并进行平面、立面和剖面设计，提出内装方案等。虽然有优化设计的步骤，但对于装配式混凝土建筑深化设计的作用并不明显，普遍只限于设计纠错。同时，设计成果的体现也局限于各专业的施工图设计文件、计算书、节点详图、构件详图等。

装配式混凝土建筑中，BIM技术的应用能够有效促进质量管理的精细化。在规划设计阶段，项目各参与方的责任和管控流程如图5-6所示，具体流程如下。

（1）设计单位以项目任务书、地形图及电子文件、规划要求等为前提，与BIM咨询单位出具初步设计方案和BIM模型。生产运输单位、施工单位、监理单位参与细化BIM模型、初步交底，对相关问题进行反馈，对BIM模型进一步修改、细化，审核后进行二次交底，并确定预制件生产运输与施工计划。

（2）设计单位、BIM咨询单位协助深化设计，促进BIM模型优化。生产运输单位、施工单位根据建筑项目要求将工作按专业进行分解细化，明确各专业的要求。

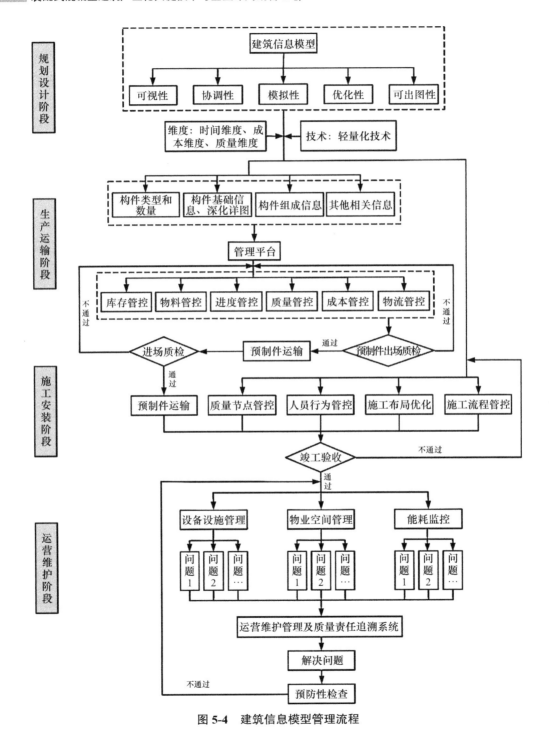

图 5-4　建筑信息模型管理流程

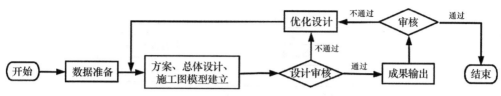

图 5-5　常见的规划设计阶段工作流程

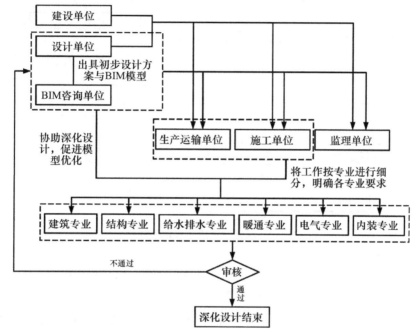

图 5-6　项目各参与方的管控流程

（3）专业组分为建筑专业、结构专业、给水排水专业、暖通专业、电气专业、内装专业六个部分。各专业组深化设计后进行自检，再基于 BIM 平台整合所有专业的工作内容，同相关参与方进行组合检查，解决管线碰撞等问题。通过审核则完成深化设计，否则返回再次进行完善。

在装配式混凝土建筑中，应根据项目经济条件和设计流程特点，充分考虑信息化管理，实现一体化设计。需要对建筑、结构、机电设备以及室内装修进行整体考虑，确保各阶段的规划设计、生产运输、施工安装和后期运营维护形成一个完整的体系，以实现协同工作和优化发展，有效地提高装配式混凝土建筑的质量管理水平。构建的深化设计阶段设计流程如图 5-7 所示。

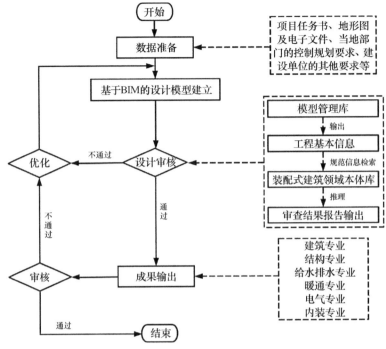

图 5-7 深化设计阶段设计流程图

第一步，进行数据准备，包括项目任务书、地形图及电子文件、当地部门的控制规划要求、建设单位的其他要求等。

第二步，协同各参与方在 BIM 平台上进行多次协调和专业性修改，建立设计信息模型。

第三步，将模型信息输出为工程基本信息，并在装配式混凝土建筑领域本体库中进行规范信息检索，通过两个信息库的数据推理形成审查报告。若符合国家规范标准则通过设计审核，否则进行修改完善。

第四步，根据各专业的需求，分别输出 BIM 设计数据，包括项目全生命周期 6D 模型、构件各类深化 2D/3D 详图及组成信息、施工模拟动画等。

5.5.2 生产运输阶段质量管理应用

1. 基于 BIM 的物料动态管理

物料管理是装配式混凝土建筑工程进度控制的重要环节，同时也是保证预制件质量的关键。在精益质量管理理论的指导下，需要从生产源头开始管理物料质量，采用 BIM 技术实时掌握工厂物料信息，实现生产阶段物料动态管理，确保预制件生产的有序、高效和高质量进行。

采用"总计划—生产任务—日作业计划"三级管控机制，并引入 RFID 技术进行物料信息采集与处理。具体来说，总计划是由 BIM 技术信息平台导入的施工装配总计划，生产任务是将总计划通过分解形成阶段任务，而日作业计划则是基于生产任务进行细化至每日的生产计划，提供每日所需物料的清单，并由管理平台进行系统配送。

其中三个阶段如下：

（1）物料准备阶段。通过 BIM 技术信息平台将预制件物料信息和施工装配计划传递给生产运输单位。根据预制件物料信息和施工装配总计划，生产运输单位制定工厂的物料需求计划，并进一步制定、发布和执行配送计划。生产单位相关管理人员核对后在管理平台上编制库房实际物料清单。

（2）物料配送阶段。从分解施工装配计划开始，确定生产任务并进一步细化为日作业计划。根据日作业计划确定预制件生产清单及物料需求清单，分别进行生产任务和物料配送两个主线的计划分解。在物料配送阶段，需要精确配送至指定工位，并及时进行质量检查和按计划接收，否则需要按照具体情况进行紧急处理或退库处理流程。

（3）物料使用阶段。使用 RFID 技术和物料精细化质量管理流程，对预制件生产过程进行实时信息采集。这包括使用信息、问题信息和缺料信息的采集。通过对这些数据的可视化监控和动态管理，可以为质量责任追溯提供有力的支持。同时，对于出现的问题和缺料情况，及时采取措施进行处理和补救，确保生产过程的高效、稳定和可控。

基于 BIM 的物料动态管理模式如图 5-8 所示。

2. 基于 BIM 的预制件追踪管理

预制件质量管理在装配式混凝土建筑中面临多种影响因素的复杂性和高难度。因此，为实现预制件的质量追踪管理，需要综合考虑预制件物料管理和追踪管理的目标和范围，同时分析预制件在生产到施工过程中的质量管理难点。为解决这些问题，可以运用 BIM 等技术实现预制件追踪管理，从而实现预制件在施工生产和运输阶段的质量管理。

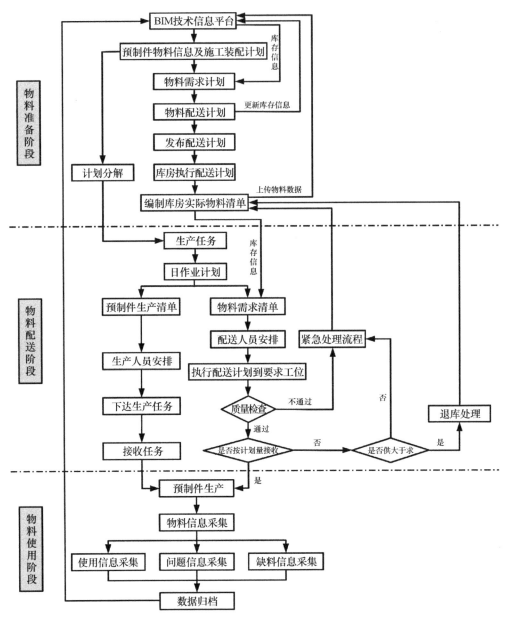

图 5-8 基于 BIM 的物料动态管理模式

预制件追踪管理旨在通过实施相关过程管理和过程控制，确保预制件在生产运输和施工安装阶段完全符合国家相关质量验收规范的要求，并保证其在装配式混凝土建筑施工阶段的安全性。其范围包括预制件生产过程中的物料管理、物流运输，以及预制件在施工现场的使用和安装等环节。通过实施预制件追踪管理，可为后期的运营维护阶段提供强有力的信息支持，实现质量责任的追溯与保证。

预制件经常面临的质量管理难点：

（1）缺乏明确的质量目标

在预制件生产运输阶段，质量管理的目标普遍只关注预制件的进场质量验收，而缺乏全面、明确的质量目标设定。然而，由于预制件在建筑全生命周期中的使用环境和安全性能的要求不同，仅以施工方的质量验收为目标，难以实现全面的质量管理。

（2）缺乏全过程质量控制

质量管理不能仅停留在形式上，必须把民生放在重要位置，确保建筑质量。许多企业对于质量目标设定缺乏层层把控，没有落实全过程的质量控制，仅对预制件出厂时的质量进行简单检验。这种做法在当前残酷的市场环境下将会让企业逐渐失去市场份额。因此，生产单位应该对自己、对社会负责，专注于产品质量，避免发生质量失控的情况，实施全面的监督和检查工作。

（3）缺乏专业的生产人员

装配式混凝土建筑的应用还处于发展探索阶段，在这个阶段，由于专业培训的及时性和系统性不足，生产人员的规模和整体专业素质无法与装配式混凝土建筑发展同步，这可能导致建筑业出现失衡状态，阻碍装配式混凝土建筑的发展。因此，如何增强生产人员的专业性，尽可能避免生产过程中出现失误行为，是一个亟须解决的问题。

对于上述问题，运用 BIM 技术、RFID 技术、GIS 技术等，结合精益管理理念，可以对生产运输阶段进行目标分解、全过程质量控制。生产企业应该贯彻"以质量为中心"的理念，并建立完善的质量管理体系。这需要建立专门的质量管理部门，并由企业总经理担任总负责人。在质量目标管理方面，需要遵循一定的流程，如图 5-9 所示。首先，总经理提出目标要求，由质量总监组织制定目标，并由质量管理部及相关部门对从生产流程到运输过程进行分析调研和制定质量目标。然后，通过上层领导审核后，进行分解质量目标。这一过程需要将质量目标细化到各个生产运输环节，最后进行考核、整理、存档，并上传至信息平台。

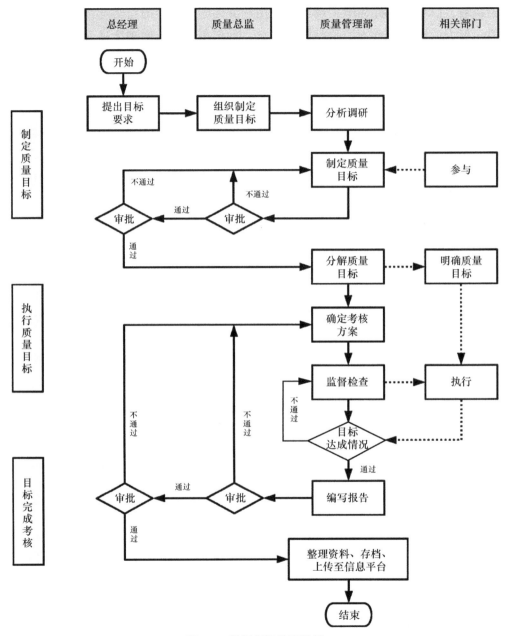

图 5-9 质量目标管理流程

生产单位与施工单位相关负责人已经对预制件的设计进行审核和确认。为了确保实际生产与设计的一致性,生产单位需要及时、真实地将预制件信息上传至信息平台。同时，施工单位和监理单位应该派遣专门的人员进入构件厂对预制件生产过程和生产进度进行监督检查，并由相关负责人进行线上审核。

通过构件编码体系和物联网技术，实现对预制件全生命周期的追溯性质量管控。首先建立预制混凝土构件系列码与BIM模型及预制件数据库的关联，通过二维码或RFID电子标签对预制件的生产、隐检、成品检、入库、装车、卸车和安装等环节进行跟踪记录和管控。

为解决预制件生产过程中的人员专业性问题，生产单位应实行入职培训、签订责任协议以及后期定期组织系统的培训，提高全员的质量意识并认真执行工厂质量管理规定。在运输过程中，借助GIS地理信息系统，根据预制件的最大尺寸信息规划运输道路，对运输车辆进行编码并安装卫星定位跟踪系统，以便跟踪、记录和管理车辆的运输位置及轨迹，确保预制件在运输过程中的安全和质量。

5.5.3 施工安装阶段质量管理应用

1. 基于BIM的质量计划及实施

质量计划的制定是保证装配式混凝土建筑施工质量的关键措施。首先需要明确质量总计划。其次需要确定质量管理细分的节点及相关负责人的职责，以确保质量管理责任的落实。再次，由BIM技术专业人员进行信息导入，确保BIM模型与实际施工的一致性。最后，施工单位与监理单位需要对每个质量节点进行质量检验。

（1）质量总计划。装配式混凝土建筑施工装配阶段是以保证建筑完成竣工验收并达到相关标准要求为质量总计划。

（2）施工单位根据建设单位的进度要求，制定质量分计划并检验完成的工程内容。对设计单位提出的重点难点，设置重点质量分计划进行全面、严格的把控；对生产单位提供的预制件进行重点质量检验，纳入系统的质量分计划管理；并根据业主内装要求，以部品化的方式提升品质、提高效率。以项目经理为主的领导班子根据质检内容与时间节点，确定执行人与责任人，并明确工作职能，制定"红黄牌"制度。

（3）BIM技术专业人员导入信息。在确定质量分计划、质检内容和时间节点之后，BIM技术专业人员将相关信息上传至信息管理平台，并将这些信息发送至相应的执行人和责任人。这些人需要在规定日期内进行审批，如果他们同意计划，则必须按要求执行；如果不同意，则需要提出个人意见，并提交给决策层领导做出决定，以决定是否需要修改计划内容、更换执行人或责任人。

（4）质量检验。根据批准的计划，按照要求在规定时间内进行严格的质量检查。如果检查合格，可以给予相关人员物质奖励；如果不合格，则应提供质量检查报告，指出整改内容和时间，并按照预先制定的奖惩制度进行处理。

为提高施工质量，以高质量标准为奋斗目标，运用质量管理理论，实现零缺陷管理工作。由于PDCA循环是一种按规定顺序进行质量管理的科学程序，因此，通过改善PDCA循环进行质量计划的实施，具体如图5-10所示。

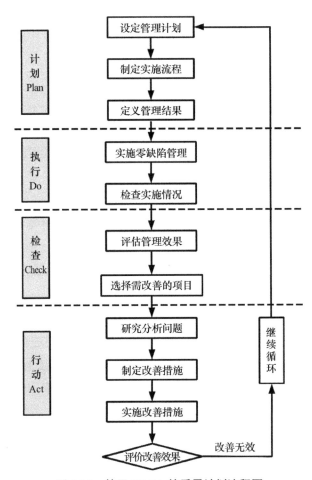

图5-10 基于PDCA的质量计划流程图

2. 基于 BIM 的人员管理及其行为约束

为了更好地安排人员、管理施工过程并解决人员数量不均和违规操作等问题，提出了一种基于 BIM 技术和 RFID 技术的人员识别与行为记录管理模式。这种管理模式具有准确性、模块化和动态性三大特点。具体来说，该模式通过高效完整的数据传递实现了准确性，通过独立性与整体性结合的模块管理实现了模块化，通过实时调整各类信息实现了动态性，如图 5-11 所示。

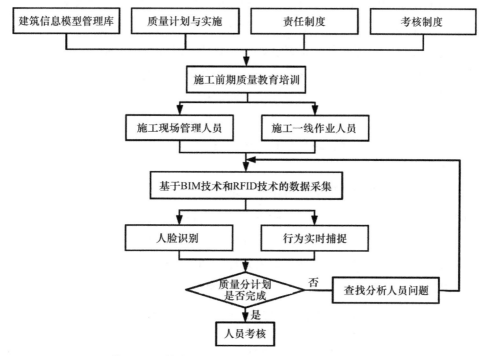

图 5-11 基于 BIM 技术和 RFID 技术的人员识别与行为记录管理模式

以质量教育培训系统为前提，利用 BIM 技术和 RFID 技术进行数据采集和人员行为记录，旨在解决人员数量不均、违规操作等问题。首先，从建筑信息模型管理库中导出结构 3D 详图、施工模拟动图等三维视图，并对施工现场人员进行事前教育，强化其质量意识。其次，通过数据的过滤和分组，利用人脸识别和行为实时捕捉对人员进行识别和记录。如果质量分计划按时按要求完成，则直接进行人员考核；如果未完成，则根据验收报告对问题进行审查，对违反操作的人员根据考核制度进行相应的处理。

3. 基于 BIM 的施工现场布局优化

在装配式混凝土建筑施工安装阶段，借助 BIM 平台、预制构件的模型数据和智慧工地等相关技术，结合质量管理理论，实现装配式混凝土建筑施工过程中的堆场优化等功能和施工现场的信息化布局、智能化运作和精细化管理，从而达到装配式混凝土建筑施工现场布局优化的目的。

施工现场平面布局应符合相关现行国家标准，如《建筑施工组织设计规范》GB/T 50502，以规范施工组织设计的编制和管理，提升施工管理水平。针对装配式混凝土建筑的工程特点，需要遵循以下三个布局原则：首先是安全原则，需要记录施工过程中使用的各种材料、设备等属性，以确保满足防火、防触电、防爆炸、防机械伤害、防高处坠落等安全要求。其次是合理原则，为了保证施工顺利进行并使物品存放和取用变得有序化和便捷化，需要进行合理的布局规划，信息化生产运作，以减少二次搬运。最后是经济原则，应在确保安全和合理的前提下，尽可能节约施工用地，减少临时用料和设施的投入，充分利用现有资源为施工提供服务。

在遵循布局原则的前提下，对预制件堆场优化、吊装模拟和管理实现信息化布局、智能化运作、精细化管理。确定三个布局目标，分别为施工质量、施工安全、施工效率。为了达到这些目标，需要获取布局物体的参数，并识别现场空间布局的状况，从而确定布局物体的约束条件。随后，通过算法寻找最优解，实现动态优化布局，如图 5-12 所示，以满足施工质量、安全和效率的要求。

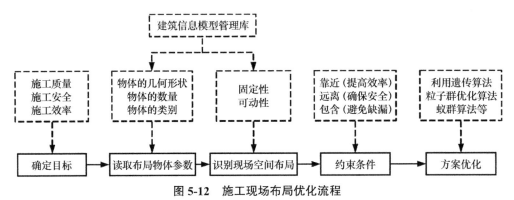

图 5-12 施工现场布局优化流程

（1）预制件堆场优化

根据预制件的吊装计划和装配顺序以及深化设计阶段 BIM 模型库中确定的

预制件位置信息，对项目现场的预制件堆场进行优化。具体而言，需要明确不同预制件的堆放区域、堆放位置和堆放顺序，以避免二次搬运。同时，在预制件或材料存放时，需要点对点堆放，以确保施工效率和质量。

（2）吊装模拟和管理

利用 BIM 模型的构件吊装参数，对施工现场的塔式起重机方案进行评估和优化。根据施工现场的实际情况，包括工作面和空间限制、构件堆放布局、塔式起重机的作业安全和能力等因素，进行构件的吊装模拟，并通过算法实现塔式起重机方案的动态优化。

4. 基于 BIM 的施工安装流程

为保障装配式混凝土建筑质量，基于深化设计要求以及施工阶段的质量计划制定、人员管理、现场布局优化等方面，对施工装配流程进行全方位的质量管理，具体包括施工前期的流程模拟和质量协同管控，以及施工过程中的监督和质量协同控制。

（1）预制件可视化预拼装及安装流程模拟

利用 BIM 的可视化和虚拟仿真技术，对核心预制构件或全部构件进行预拼装，并验证施工过程中装配方案的合理性。

（2）质量协同和管控

BIM 技术和施工前期质量计划的结合，能够实现对装配式混凝土建筑施工质量的精准计划、跟踪和控制。通过动态规划分配各种施工资源和场地，结合预制件的生产管理和物联网监测，可以实时跟踪工程项目的实际进度。同时，通过制定的质量计划和实际质量检查结果的比对，可以及时分析施工中的质量偏差对工程整体质量的影响程度和原因，并采取有效措施进行纠正，从而保证项目分阶段的质量和最后的验收标准。

（3）基于物联网的质量监督

为加强装配式混凝土建筑施工质量监管，可以在预制件装配施工过程的核心环节安装物联网传感器，实时动态监测各个关键节点的施工情况。例如，在混凝土浇筑和灌浆流程中安装传感器进行实时监测和记录。同时，结合预制件的 BIM 模型数据，将预制件施工装配结果与 BIM 模型进行对比验证，确保施工结果与设计一致。相关的 BIM 技术人员可以将质量实时信息上传至信息平台，以便项目各方及时获取并跟踪施工质量情况，从而及时采取纠正措施。

5.5.4 运营维护阶段质量管理应用

1. 基于 BIM 的运营维护管理系统

在建筑项目的全生命周期中，运营维护管理是一个至关重要的阶段，其持续时间越长，对建筑价值的体现越为重要。目前，许多运营维护体系只能进行简单的大量数据处理，管理方法不够高效，资源数据利用率低，浪费了许多资源。运营维护阶段需要处理各种设备、空间、能耗等方面的复杂数据，因此需要不断提高运营维护系统的信息化应用程度，以应对这些挑战。

在运营维护阶段中，各方利益相关者之间的关系十分复杂，如政府、投资商、开发商、业主方、承租方、运维商等。各方在运营维护过程中需要密切协作，通过建立基于 BIM 技术的运营维护管理平台，各方可以实现信息共享、协同管理和实时沟通，从而更加高效地完成各自的任务，提高运营维护效率和管理水平。运营维护阶段各参与方之间的联系如图 5-13 所示。

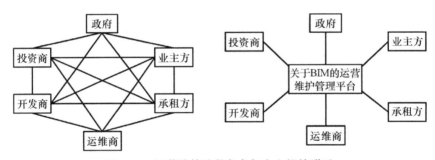

图 5-13 运营维护阶段各参与方之间的联系

利用装配式混凝土建筑全专业 BIM 信息模型，结合建筑运营中的多源异构数据集成技术和多系统融合技术，基于环境感知的建筑能效优化、智能电力优化和协调优化控制方法，同时结合 GIS、物联网、云计算和智能控制技术，建立基于 BIM 的建筑运营维护管理信息系统。该系统可以对建筑设备设施进行管理和维护，包括物业空间管理和能耗监测等方面，具体如图 5-14 所示。

（1）设备设施管理

BIM 模型的虚拟建筑数据为运营维护管理提供了高效的工具，能够实时监测设备状态和管线系统的运行情况，为维修提供更直观的参考。设备设施管理主要包括资产盘点、日常管理和报表管理三个方面。

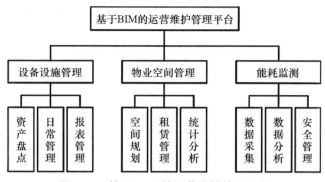

图 5-14 基于 BIM 的运营维护管理平台

1）资产盘点。通过 BIM 建筑模型，将建筑中所有设备和设施的几何形状、数量、空间位置、参数、品牌、厂家以及联系方式等信息进行存储，并授权相关人员进行管理。当设备或设施需要进行维修或更换时，运维商可以根据 BIM 数据中的设备和设施信息，及时获取相应的服务。

2）日常管理。运维商可以利用 BIM 运营维护管理平台进行计划性维护，将季度、月度计划性维护任务分解为周、日计划，并进行细化分配，从而提高维护效率。在此过程中，BIM 运营维护管理平台可以与施工安装阶段的质量计划制定相结合，将工作内容、执行人、负责人、验收人、计划完成日期等信息发送至相关人员进行审核和任务告知。同时，运维商还可向住户、承租方发送电子维修反馈意见表，以核实维修信息并提高维护服务质量。

3）报表管理。BIM 运营维护管理平台能够实现多种报表的自动生成和导出，让参与方能够及时获取各类管理报表。这些报表包括资产清单、财务报表、设备维修记录、住户反馈等，可帮助管理方实现精细化管理和数据化决策。

（2）物业空间管理

借助 BIM 轻量化模型作为数据基础，将社区级和住户级的所有功能涉及的终端设备进行整合，并应用物联网技术为业主提供全面的云端服务，如新居全景导航和 VR 全景电子使用说明书。针对物业空间管理，主要从空间规划、租赁管理和统计分析三个方面进行管理，具体如下：

1）空间规划。BIM 轻量化模型提供了整合建筑空间信息的数据基础，让住户通过全景导航云端服务快速全面地了解所住小区。智能系统将数据库和 BIM 模型整合在一起，实时跟踪空间的使用情况。在设计深化阶段完成项目规划后，运营维护阶段也可在业主方合理需求的基础上，通过 BIM 运营维护管理平台进一步合理规划已有空间，以提供更多人性化的居住体验和商业环境。

2）租赁管理。为加强房屋租赁管理、维护市场秩序，物业可以借助 BIM 技术进行房屋租赁合同的在线报备，并将报备信息与 BIM 模型进行整合。同时，商铺、车位承租人等可以通过 BIM 运营维护管理平台进行线上缴费、咨询等服务。

3）统计分析。通过 BIM 技术的应用，物业管理方可以进行空间使用和租赁情况的统计分析。同时能够满足内外部报表需求，以便于更好地管理和处理相关事务。运营维护管理平台可以实时监测空间使用情况，对使用率较低的空间进行改造和优化，从而提高空间利用效率。

（3）能耗监测

利用 BIM 集成装配式混凝土建筑全过程实施的相关信息和运营维护智能终端设备实时采集的数据，对建筑的能耗进行实时监测、仿真分析和动态管理。能耗监测的重点在于数据采集、数据分析和安全管理三个方面，具体如下：

1）数据采集。为了实现对建筑能耗的实时监测与管理，各计量装置和传输设备都可以配备智能计量终端和数据采集终端。这些终端能够动态地采集和传输相关数据信息，同时基于 BIM 运营维护管理平台，能够对能耗数据进行在线分类和分项读取，并实时监测系统内各计量装置和传输设备的通信状况。

2）数据分析。通过软件进行能源仿真分析，对建筑的能耗进行统计和分析，为后期节能提供依据。通过将水、电、天然气等能耗折算成标准煤量，得出建筑总能耗。实时监测以自动方式采集各分类、分项总能耗运行参数，并自动保存至数据库。通过逐日、逐月、逐年汇总和分析各分类、分项总能耗和单位面积能耗，实现对能耗数据的动态管理和优化。

3）安全管理。通过 BIM 轻量化模型进行能耗仿真分析，能够对建筑的能耗进行实时监测，及时预警可能出现的安全隐患。在系统设置预警阈值后，如果某一能耗数据超过阈值，系统将会自动触发报警机制，并通过多种方式及时通知用户，以保障人员和资产的安全。

2. 基于 BIM 的质量责任追溯系统

利用 BIM 技术，以装配式混凝土建筑全生命周期为时间段，包括规划设计、生产运输、施工安装、运营维护等环节，全面管理装配式混凝土建筑的质量。建立质量责任追溯机制,将问题追溯到根源,并确定相关责任方进行整改。严重情况下,相关政府部门会按照相关文件进行处罚。基于 BIM 的质量责任追溯系统构建如图 5-15 所示,其具体步骤如下:

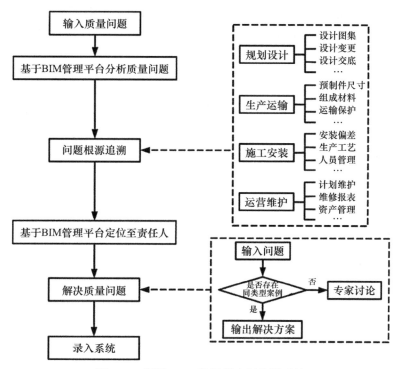

图 5-15 基于 BIM 的质量责任追溯系统

(1)质量问题输入模块。运营维护人员可以将发现的质量问题通过基于 BIM 技术的质量追溯系统进行输入,包括部件编码、位置代码以及具体的质量问题描述,以便于快速定位和跟踪问题源头,并实现责任方的准确追溯和纠正。

(2)质量问题追溯模块。装配式混凝土建筑质量追溯系统会根据输入的质量问题详细描述,通过规划设计、生产运输、施工安装、运营维护四个阶段进行定位和追溯。

(3)责任人定位模块。通过基于 BIM 技术的质量追溯系统中存储的关于四个阶段的质量信息和责任人信息进行匹配,精准定位执行人和责任人。该模块实现了质量问题与质量内容的信息匹配,为质量责任的追溯和问题的解决提供了有力支持。

（4）质量问题解决模块。该模块旨在对定位到责任人的质量问题进行专业分析和解决。如果数据库中存在类似的案例，则可以直接采用已有的解决方案，否则需要通过专家讨论等方式找到解决方案。解决过程中，需要将全过程信息（如问题描述、责任人、解决方案、解决时间、验收人等）详细记录在系统中，以便后续参考。

第6章 装配式混凝土建筑全生命周期成本管理

6.1 全生命周期成本构成及相关理论

6.1.1 全生命周期成本管理理论

全生命周期成本管理主要包括前期策划成本费用、产品设计成本费用、构件生产运输费用、施工安装费用以及后期的运营维修费用等。把装配式混凝土建筑工程的建筑设计成本费用、构件生产运输费用、施工安装成本费用等作为成本费用管理的关键阶段，管理重要阶段的生产成本就必须结合成本费用控制方法加以探讨与研究。

全生命周期成本管理是指全面、全方位、全体人员在工程项目建造的每个环节、每个关键节点、全部过程中开展成本费用管理，通过全过程成本管理制度的形成，可以充分调动管理技术人员的主观能动性，并进行系统的管理，从而进一步对成本管理加以优化，最终达到成本费用最低化的目标。全过程成本管理是运用知识和技术，对材料、成本、收益和风险实施管理。通过技术不断发展，处理生产施工中的项目管理、成本计划、生产经营管理和财务分析等。该方法已运用到建筑施工中，是在规划设计阶段、生产运输阶段、施工安装阶段和运营维护阶段全过程运用的成本管理体系。

6.1.2 成本控制理论

装配式混凝土建筑设计、生产、施工安装成本是其关键阶段，如何科学合理地控制此成本，就需要了解相关的成本控制理论。

1. 目标成本管理法

根据制定的成本目标，在成本预测及决策的基础上进行成本目标的分解，结合目标管理与成本管理，实现阶段性的成本目标控制。目标成本控制以管理和成本核算为核心，对成本进行事前测定、日常控制和事后分析，不断调整管理方案，精确成本目标，是一个全方位、全过程的成本控制。

2. 成本分析法

根据项目施工成本组成中的直接费进行综合分析，对人工费、材料费、施工机具使用费等构成施工成本的主要因素进行有针对性的控制，实现项目施工阶段的成本控制。

3. 价值工程法

价值工程法着重对项目组织活动进行功能性分析，目标是以最低的成本可靠地实现产品功能。在建筑项目施工阶段，可以采用价值工程法决定与成本控制有关的决策，也可以通过价值工程法对成本控制方案进行分析，从而选择最佳成本控制方案。

4. 挣值法

挣值法是通过对比项目目标实施情况与项目目标期望值，分析两者之间的差异，从而对项目的成本、进度、绩效等实施情况进行判断。挣值法将项目的进度和成本结合起来进行综合控制，是一种实现项目成本动态控制的有效方法，是项目成本与进度控制系统的重要组成部分。

实际的成本控制工作是依据项目的发生情况，结合多种方法科学合理地进行。

6.1.3 成本控制的构成

1. 规划设计阶段成本构成

装配式混凝土建筑设计，贯穿于工程建造全过程、全系统，它在设计伊始进行总体技术策划，敲定整体技术方案后进行具体设计，实现各专业系统在不同阶段的协同、融合、创新,从而达到建筑结构、机电、内装、智能化各方面集成。采用信息化手段构建系统模型,优化系统结构和功能质量,达到整体效益最大化。在设计的同时,考虑预制构件生产通用性和施工可行性、设计阶段的技术优化,保证了后续的生产运输、施工安装及运营维护各环节紧密衔接,达到整体效益最大化。规划设计阶段的合理性影响着整个装配式混凝土建筑的建造成本,与传统建筑相比,装配式建筑设计流程多了两个环节——建筑技术策划和部品部件深化与加工设计环节,建筑技术策划是对项目定位、技术路线、成本控制做出明确要求等;而部品部件深化与加工设计是为了将各系统内部的结构构件、设备、管线进行深化设计,完成能够指导工厂生产和安装阶段的设计图纸。

因此,装配式混凝土建筑规划设计内容繁多、复杂。本研究把设计成本划分为两部分,一部分为基本设计费,它包括装配式混凝土建筑设计初始,全面且系统地对于每个阶段的可行性进行评估及通用部品部件的设计成本,分别为技术策划费、初步设计及深化设计和标准设计文件编制费;另一部分是对所涉及的设计人员工资和设计过程中协调与技术开发以及大型异形构件非标准文件编制费的综合。

2. 生产运输阶段成本构成

预制构件生产制作在大型工业厂房进行,根据实际需求对预制混凝土构件的生产数量、形状、规格确定生产方案,同时对预制混凝土构件的性能进行严格检验。构件的生产工艺流程包括自动化生产线工艺流程和固定台模工艺,自动化生产线安装了自动清理机、自动喷油机、划线机,全过程自动化控制,相比于固定台模工艺,自动化生产线的产品精确度和生产效率较高,成本费更低,人工成本相比于传统生产线节约了50%。根据生产构件类型和实际工程需要,采用不同的自动化流水线生产等工艺流程。在预制构件成本中生产成本占总成本的55%~65%,成本主要包括人材机费、模具费、摊销费等;而其中人工费、材料费、模具费占比很大。预制构件成本虽然高,但与现浇建筑相比,它的质量得到了有效保证,避免了施工现场的污染,加快了施工进度以及提高了环境质量。因此,对于装配式混凝土建筑生产阶段成本,本书分为直接和间接生产成本,人工包括基本用工、超运距用工、辅助用工和人工幅度差;材料主要是施工中消耗的材料、辅助材料、周转材料和其他材料;机械费、模具费、养护费及水电消耗费都是预制部品在工厂车间内所必须消耗的直接费用;而间接费是由装配式预制构件本身所具有的特点划分的，构件厂的土地摊销费、构件营销费、税金及固定资产的折旧费，都是生产阶段带来的隐性成本。

根据预制构件的种类、长短、重量、规格采用专用运输车辆运输，并配备专业的运输架，运输大型、异形预制构件应固定牢固，防止移动、错位或倾倒，运输至施工现场进行临时堆放，存放时有两种方式——平方和竖放，对于预制墙板等采用竖放方式，而楼面板、屋顶板和柱构件采用平放方式，存放时争取少占用堆场，按构件种类分类存放。因此，装配式混凝土建筑运输成本主要包括构件从生产厂家到施工方所在场地的所有运输费用，其中包括运输费、二次搬运费、现场保管费等。

运输阶段成本作为装配式混凝土建筑建造过程中的重要部分，所占比例也很大。直接成本包括构件所需的车辆运输费、二次搬运费及消耗的燃料费，间接成本包括构件施工现场存储费及运输过程中的保护措施费，共同构成运输阶段成本。

3. 施工安装阶段成本构成

装配式混凝土建筑施工安装阶段相当于工业制造的总装，也是成本偏高的阶段。按照建筑设计的要求，将预制构件在工地进行吊装。不同吊装方法的差异性会导致预制构件在吊装过程中受力不均匀，根据起重机械的类型，对施工场地进行布局和规划。预制构件分为水平受力构件和竖向受力构件，由这两大种类构件组成装配式混凝土结构框架，施工流程如下：预制柱（墙）吊装→预制梁吊装→预制板吊装→预制外挂板吊装→预制阳台板吊装→楼梯吊装→现浇结构工程及机电配管路施工→现浇混凝土施工。预制构件的连接方式决定了装配式混凝土建筑的稳定性，连接方式分为干连接和湿连接，干连接通过预埋的钢筋焊接进行构件之间的连接；而湿连接则是通过调配好的混凝土和水泥砂浆灌注到构件中，以此进行构件之间的连接。

因此，将安装成本分为吊装费用和现浇部分费用。吊装阶段成本费用包括现场人工费的工日工资及各类补贴，材料费中消耗材料、辅助材料和车辆，机械费中折旧和大修、高空垂直运输等，对现场人材机调配的管理费，以及预制构件高额的税费；其中预制构件机械费中垂直运输费是大型起重机高空垂直运输预制构件消耗的费用，现场管理费是管理人员统一协调、规划安排现场、施工进度所消耗的费用；现浇部分的措施项目费包括构件连接时对预埋件、钢筋之间焊接造成的费用，其他项目费是针对构件定制斜撑及周转型预埋件费，由上述内容共同组成现浇部分费用。

从装配式混凝土建筑各阶段出发研究分析后发现，装配式混凝土建筑增量成本主要是预制构件，其生产成本占比达 68%，其中人工费、材料费、模具费占比均在 15% 以上，其余管理费 11%、税费 10%、运输 7%、营销费 2% 及财务费 2%。因此，得出影响装配式混凝土建筑成本的重要因素：

（1）人工费。各生产环节工人的人工费，包括制作、钢筋、修补、辅助等人工费。由于产品标准化程度低，为了防止异形构件出现，只能采用固定台模生产，不能实现标准化流水线作业；而且预制构件的钢筋型号和间距不统一，连接部分有外露，只能采用人工作业形式，增加了人工成本，影响生产效率。

（2）材料费。现阶段由于缺乏装配式设计经验，大多数设计图纸只在原有的传统建筑图上修改，各环节断层严重，使得构件在生产过程中由于图纸的不精确或者整改而造成浪费。

（3）模具费。预制构件的标准化程度低，模板通用化程度不够，导致周转次数较低，重复使用率更低。

（4）运输费。运输费高的原因有两个：一是标准化程度低导致运输车辆装载率低；二是运输距离过远，单项运输成本高。

综上所述，对装配式混凝土建筑成本控制，不应局限于某一阶段，而是应明确设计、生产、运输、施工各阶段成本构成之后，对影响装配式混凝土建筑各阶段成本因素进行研究，确定关键影响因素来达到控制成本的目的，是当下解决装配式混凝土建筑成本问题的有利途径。

4. 运营维护阶段成本构成

装配式混凝土建筑从交付使用之日起至拆除之间的能源消耗、管理服务、财产保险，以及为维持正常使用状态而发生的更新改造、日常维护、维修等费用。由于装配式混凝土建筑可以采用结构与节能、装修等多功能的同寿命期设计，因而可以大幅降低运营维护成本。而建设项目的使用年限长达 50 年甚至更久，运营维护成本从数值上就不低于建造成本，这正是装配式混凝土建筑特有的优势之一。

6.1.4 装配式混凝土建筑全生命周期成本分析

1. 装配式混凝土建筑规划设计成本分析

目前,装配式混凝土建筑规划设计普遍采用等同现浇设计的方式,然后按照预制构件的生产和装配要求进行构件分拆,这种方式设计效率低、协同性差。在构件分拆深化设计阶段,每个预制构件都要有与建筑、结构、安装等专业相对应的生产图纸。预制构件的配筋、节点、埋件、留洞等设计内容都需要体现在深化设计图纸中。由于设计内容增多、设计深度增加,因此与传统现浇结构相比,装配式混凝土建筑设计费用每平方米要高出20~40元。

2. 预制构件生产运输成本分析

预制构件在构配件厂批量生产,养护完成后运至施工现场装配安装。装配式混凝土建筑生产运输阶段产生的费用包括生产阶段和物流阶段的费用。

(1)生产阶段成本分析

1)人工费。目前我国装配式混凝土建筑领域的人才相对匮乏,人才培养机制尚不健全,从事构件生产的产业工人数量较少且经验不足。构件生产企业需要在员工入职前花费时间和费用对其进行技术培训。同时,因工人流动性较大,常有培训合格的产业工人流失现象发生。因此,在现阶段我国装配式混凝土建筑规模较小的情况下,预制构件生产的人工费实际支出偏高。

2)原材料。现行的装配式混凝土建筑结构设计是在现浇构件钢筋配置的基础上,增加了构件节点处的连接钢筋数量,因此在钢筋用量方面,预制构件的钢筋用量明显增加。据测算,预制构件节点连接处的钢筋用量与现浇构件相比增加30%以上。

3)设备折旧费。目前我国对预制构件的需求量较低,使得构配件厂的产能供给超过装配式混凝土建筑市场对预制构件的需求。构配件厂因设计产能处于供大于求的局面,不能满负荷生产,同时又要考虑生产机械的折旧费、工厂生产经营的费用,势必使得预制构件生产成本居高不下。

(2)预制构件物流成本分析

在现浇建筑施工过程中,材料的物流费用被认为是材料成本的一部分,而在装配式混凝土建筑建造过程中,大量预制构件需要从构配件厂运至装配现场。装配式构件物流成本主要包括仓储费用和运输费用。

1）预制构件仓储费用

传统现浇式建筑在施工现场浇筑混凝土，养护完成后直接形成建筑实体，不需要占用其他仓储场地。但装配式构件在构配件厂生产完成后需要专门的场地进行养护和存放，并且需要专人进行管理。构件养护完成运至施工现场后，仍需寻找存放场地，使得预制构件的仓储费用增加。

2）预制构件运输费用

与现浇结构商品混凝土的运输费用相比，成品构件因体积大、易损伤、形状不规则等原因，运输过程中需要增加保护措施，因此装配式构件的运输费用更高。目前构配件厂配置不足、分布不均匀、预制构件运输距离增加，同样导致运输费用增加。

3. 预制构件施工安装成本分析

装配式混凝土建筑现场施工过程中，对工人吊装技术的熟练度和专业性要求较高，需要吊装经验丰富的工人，否则对预制构件的装配速度和质量都会产生影响，增加装配费用。预制构件的节点施工是现场施工安装的重点，与现浇式施工相比，节点施工是增加的工序。为了保证装配式混凝土建筑节点足够可靠，节点施工采用安全性较高的钢筋套筒灌浆连接工艺，套筒连接件需求量大，灌浆料价格较高，使得装配成本大幅增加。

4. 预制构件运营维护成本分析

装配式混凝土建筑在施工结束后，对于后期建筑可能出现构件质量缺陷，或随着时间推移，装配式混凝土建筑的构件需进行更换或维修加固等工作带来的一系列费用，涉及设计、生产、运输和施工安装等一系列工作，所造成的成本不容忽略。因此，要想尽可能地减少该部分带来的损失，应尽可能在前四个阶段进行预防，到后期维修只会给装配式混凝土建筑带来更多的成本。

6.2 全生命周期成本问题及应对策略

6.2.1 全生命周期存在的成本问题

尽管装配式混凝土建筑具有众多上述优势，但我国装配式混凝土建筑发展起步较晚，市场环境和技术还不成熟，使得我国装配式混凝土建筑工程平均成本较高，这些因素极大地制约了我国装配式混凝土建筑的发展。我国的建筑施工仍以现场浇筑作业为主，装配式混凝土建筑整体占比仍较小，且区域发展极不均衡，这也间接导致不同地区装配式混凝土建筑与传统式建筑的成本差异。国内装配式混凝土建筑预制构件产品单一、标准不明确、相关规范标准不完善等，高素质、高能力专业施工人才欠缺，这也直接或间接使得预制构件摊销成本大。

1. 产业链不协调

目前，建筑行业产业链条上的科研、投资开发、设计、生产制造、施工、吊装等环节的企业，仍然依赖传统建筑的生产方式。这就导致装配式混凝土建筑模式各环节之间缺乏有效的衔接和协调，也就是说装配式混凝土建筑模式的生产组织系统缺乏有效集成，这使得其施工及预制配件等的交易成本增高。

2. 政策执行不到位及管理制度不完善

虽然国家已经出台了鼓励建造装配式混凝土建筑的政策，但是具体实施细则仍不完善，地方政府执行政策也存在不到位的现象，不仅缺乏对企业的组织机制，不能积极引导原企业转型，也不能建立企业培育机制。目前，适合装配式混凝土建筑模式推广的工程招标、施工许可证、施工图审查、质量检验、竣工验收等监管机制滞后，这在很大程度上造成装配式混凝土建筑施工过程的不确定性。

3. 配套标准不完善及技术不成熟

目前，在我国装配式混凝土建筑施工全过程中没有配套的标准技术体系，而且装配式混凝土建筑工程产业化没有完善的施工标准和统一的质量验收标准，零部件生产标准及相关配套零部件的生产验收标准也未统一。而且，目前我国装配式混凝土建筑一体化、标准化设计的关键技术和方法落后，在施工过程中设计、加工、生产、施工、装配脱节等问题普遍存在，这些技术性问题也极大地限制了装配式混凝土建筑的发展。

6.2.2 建设全生命周期成本控制措施

1. 规划设计阶段成本控制措施

（1）预制率与装配率的合理设计

预制率和装配率分别反映了建筑的装配程度与所使用的预制构件的比例。若装配率偏低，则建筑达不到装配式混凝土建筑的装配要求。若装配率偏高，则因生产预制构件所产生的成本增加。因此，预制率与装配率指标的设计应在满足装配程度要求的情况下最大化地降低生产成本。

（2）合理进行预制构件的拆分和深化设计

预制构件综合考虑各个因素进行合理拆分，在拆分设计时应注意遵循下列原则：构件尺寸应多遵循少规格、多组合的原则；外立面的外围护构件应尽量单开间拆分；长构件可以考虑进行对称或者居中拆分。

（3）深化设计阶段的集成化管理

装配式混凝土建筑在设计阶段涉及结构、管道、水电、保温、节能、装饰等专业，同时也涉及设计单位和项目参与主体各方利益，这就导致装配式混凝土建筑在设计阶段极易因专业和各方利益的不同，造成信息传输错误、各方利益诉求传递不到位、各方协同配合不力等问题。因此，涉及装配式混凝土建筑建造的全专业应尽量在设计环节详细体现，各项目参与方积极参与，有问题及时反馈，实现高效协同配合，提高设计效率。

（4）加强标准化设计体系的构建

进一步完善装配式预制构件通用化和模数化的设计方法，建立围绕标准部品部件为核心的设计体系，同时加强各参建单位和各专业一体化集成设计。

2. 生产运输阶段成本控制措施

（1）生产阶段成本控制措施

1）提高预制构件生产各环节的整合

预制构件生产通常分为钢筋加工、混凝土搅拌和预制构件生产制造等环节。现阶段各环节专注于自身的产品，环节之间的衔接和沟通较为缺乏，甚至有的构件生产厂将钢筋加工和混凝土搅拌分包给其他企业，这就使得构件生产各环节之间容易产生信息误差，降低生产效率和产品质量。因此，构件生产厂应重视构件生产各环节间的统一协调，并加强与设计、运输和安装等单位的交流沟通，提高预制构件生产及连接的可靠程度。

2）优化生产方案，提高构件和模具的制作精度

生产方案的合理性与科学性是保证构件生产质量的基础，预制构件生产方案应做到全面、细致、准确，严格控制原材料质量、钢筋加工成型质量、模具拼装质量等，确保构件生产的有序进行。例如，在批量制作模具前，可以根据构件特

点和模具设计要求,针对每种构件制作一个样模进行试生产,确保构件和模具均达到要求后再进行批量生产。

3)提高模具周转次数

模具的周转可以减少模具的摊销成本。例如,某楼梯模具成本约12000元,按单个楼梯混凝土体积$0.6m^3$计算,使用10次,则模具成本约为2000元$/m^3$,使用50次后的模具成本约400元$/m^3$,使用100次的模具成本约为200元$/m^3$。周转次数越多,摊销成本越低。因此,生产单位可对使用后的模具进行统一养护,增加模具使用寿命,提高模具周转次数,进而降低模具使用成本。

4)提高模具的深化设计水平

模具的设计生产需要预制构件厂和设计单位协调配合,进一步提高模具设计与预制构件生产的匹配程度,进一步深化组合模具的设计水平,对于定制化需求的模具可以通过组合模具设计达到定制化设计的要求,既可以减少异形构件带来的模具浪费,也可以降低模具的废弃率,提高重复利用率,减少模具使用数量,降低生产成本。

5)提高构件生产的柔性化和模块化

国内现有的预制构件生产线多为固定生产线,即刚性生产线。当生产线中某个环节的生产时间不足时,会影响整个生产线的运行。而柔性生产线能够适应不同生产节拍和生产工艺的预制构件的生产,减少设备投资和折旧,降低生产成本。此外,预制构件生产设备多为非标准设备,可通过模块生产工艺,将预制构件生产线的装备部品模块化制造,进而提高构件生产效率,降低生产成本。

(2)运输阶段成本控制措施

1)提高运输管理水平

由于目前装配式混凝土建筑在我国运用暂不广泛,在进行运输管理时,切不可仅凭经验按照现浇式建筑的产品运输管理方式进行装配式混凝土建筑产品的运输管理。装配式产品的运输管理应进一步加强信息化管理水平,综合运用现代信息化技术,如ERP(Enterprise Resource Planning,企业资源计划)、RFID、BIM等技术,综合提高运输管理效率和水平。

2)制定合理的运输方案

① 制定合理的装载方案

构件装载应尽量按照构件规格选择合适的运输车辆,最大限度地保证装载量,提高运输效率,避免二次搬运。为了避免构件因碰撞损坏,在构件之间需用木方隔开。在叠放时尽量"上小下大",叠放层数不宜超过 7 层。

② 制定合理的运输路线

构件运输路线切不可只凭经验粗略地选择。在构件运输工作正式开始之前,积极展开路线调研工作,提前获知运输路线上容易出现事故的地点,提前做好防护措施,并综合路况、限高、限宽等因素选择最佳运输路线。

③ 优化运输方式

装配式预制构件的运输方式有多种,在制定运输方案时应根据产品需求的紧急程度和运输成本两个方面合理选择最优的运输方式。

3. 施工安装阶段成本控制措施

(1) 加强吊装方案的科学论证

吊装是施工阶段的首要环节,由于构件在生产厂房中制作,施工过程中需要采用吊装进行装配式混凝土建筑的施工,所以进行吊装方案的确定,对控制施工阶段的装配式混凝土建筑成本尤其重要。构件在吊装前应进行吊装方案的反复论证,确保吊装工作的有序、精确。吊装方案应保证吊具选型合理、吊点设计准确、绳索与吊装架验算达标等内容。

(2) 提高机械使用率

在构件尚未运输到施工现场前,要详细地熟悉施工平面布置图,并根据施工组织设计安装好机械设备,提升机械使用率,减少机械使用成本。

(3) 提高精细化施工水平

因装配式混凝土建筑具有容错度低的特点,因此,装配式混凝土建筑对现场施工和安装精度提出了更高的要求。现阶段,BIM 技术在现场施工精度的控制中具有明显的优势。通过 BIM 技术,可以进行土石方工程模拟、设备吊装模拟、模板支架工程模拟、设备支架安装模拟、虚拟建造模拟等现场施工内容。对预制构件进行数字化预拼装,可以提前发现可能在现场拼装中出现的差错漏洞,降低返工率,提高施工效率,降低施工成本。

(4) 提高施工管理水平

施工单位应组建专业的装配式混凝土建筑施工管理人员,对装配式混凝土建筑的施工做精细化的管理和规划,既可以提高施工效率,降低施工成本,也可以减小事故发生的概率,达到安全生产的目的。

（5）优化施工方案

构件施工方案是保证施工任务顺利进行的依据。装配式混凝土建筑因结构特点与传统现浇存在差异，现场施工方案不能完全依赖传统现浇方案。在装配式施工方案中应进一步深化预制构件支撑体系、现浇段模板对拉螺栓孔、局部模板工程等内容的计算和论证，保证施工方案符合现场施工情况。构件施工方案应包括劳动力组织方案、PC 构件存放方案、质量检验方案等内容，方案内容应符合装配式混凝土建筑的施工要求。

4. 运营维护阶段成本控制措施

实现基于 BIM 模型的可视化交房验收，配合后期的空间改造及构件维护等；在物业管理中，BIM 软件与相关设备进行连接，通过 BIM 数据库中的实时监控运行参数判断设备运行情况，进行科学管理决策，并根据记录的运行参数进行设备的能耗、性能、环境成本绩效评估，及时采取控制措施。

5. 其他成本控制措施

装配式混凝土建筑成本控制除了需建设、设计、施工等单位在全生命周期建造过程中的协调配合外，还需要政府积极发挥宏观调控和政策引导作用。

（1）加大对建筑企业的政策扶持力度

近年来，我国大力推广装配式混凝土建筑，各地政府积极响应国家号召，出台了相关鼓励政策，如建筑面积豁免、给予税收优惠、开通绿色通道等，为装配式混凝土建筑的发展提供了政策保障。目前，我国装配式混凝土建筑正处于快速发展期，现有政策已不能完全满足装配式混凝土建筑大力发展的需求，相关政策仍需进一步完善和修订，欠发达地区对装配式混凝土建筑的重视程度仍不够。因此，各地政府应在已有激励政策的基础上适应时代发展需求，进一步加大对装配式混凝土建筑的政策扶持，鼓励建筑企业积极采用装配式建造模式，为装配式混凝土建筑的降本增效提供保障。

（2）加大信息化建设力度

在项目建设过程中，信息传递影响着建设效率。随着科学技术的快速发展，越来越多的先进信息技术可以应用于装配式混凝土建筑的建设过程。例如，BIM、RFID、VR（Virtual Reality，虚拟现实）等。先进的信息技术可以实现装配式建设全过程、多角度、全方位和交互式的信息传递，为建设全过程成本控制提供及时和可靠的信息要素，既减少了项目的变更成本，也提高了建设效率，推动装配式混凝土建筑向建设全过程低成本、高质量发展。

(3) 加大专业化人才培养力度

政府应鼓励企业加大装配式技术和管理人才的引进和培养，对企业引进装配式混凝土建筑相关人才可以给予一定的补贴。通过提高设计、生产和施工各阶段人才的技术水平，使得装配式混凝土建筑行业的信息化技术应用水平、构件设计生产的精细化程度、装配式混凝土建筑的综合管理水平等得到全面提高，可以进一步保证产品质量，降低产品生产成本，使装配式混凝土建筑产品更有竞争力。

(4) 建立健全法律法规

政府需进一步积极制定并出台关于装配式混凝土建筑的相关法律法规，通过立法的手段管理装配式混凝土建筑市场，防止恶意竞争，维护建筑市场秩序，保护全产业链利益相关者的合法利益，推动装配式混凝土建筑的发展，为装配式混凝土建筑的成本控制提供法律支撑。

(5) 构建全产业链的规范与标准体系

政府相关部门和行业协会需要尽快制定并出台针对装配式混凝土建筑的标准，编制装配式混凝土建筑定额和清单计价规范，完善覆盖装配式混凝土建筑规划设计阶段、生产运输阶段、施工安装阶段和运营维护阶段等全过程的规范与标准体系，为装配式混凝土建筑的成本控制提供依据，解决建造成本偏高的问题。

6.3 BIM在全生命周期的成本控制难点与对策

6.3.1 成本控制难点

1. 规划设计阶段

我国装配式混凝土建筑起步较晚，多方面原因造成设计标准化程度低的问题。首先，设计方案未贯彻装配式设计思维。目前建设单位主流设计想法是以现浇方式为基础，再拆分构件，最后对构件进行深加工。这样容易导致拆分后构件形状差异大、类型不一，难以进行批量化生产和运输。其次，没有吃透规范、用活规范。虽然国外有些成熟的经验和标准可供参考，但我国装配式混凝土建筑发展需考虑国情,走符合我国装配式混凝土建筑发展的道路。目前,设计单位缺乏对现行相关标准规范的灵活应用,需要吃透标准规范,根据工程实际情况合理设计。

2. 生产运输阶段

(1) 生产规模小,专业化程度低

装配式混凝土建筑生产阶段,大量的构配件需要经工厂加工,而目前装配式预制构配件批量化生产困难,工人专业化程度不高,装配式混凝土建筑生产成本难以有效控制。首先,生产规模小。由于传统建筑常采用现浇施工方式,导致预制构配件生产规模较小。同时,构配件产品标准化程度不高,要根据项目的实际情况定制模具,因而流水线设备以及模具摊销成本大,难以实现生产的批量化。其次,生产工人专业化程度不高。装配式混凝土建筑生产阶段产业化管理模式不成熟,产业工人流动性大,缺乏高素质、高技能人才,影响构件成品制作的合格率。在生产过程中常出现构件脱模过早、养护不足或保护层厚度不够等情况,从而导致构件强度达不到使用要求,产生修补成本且安全成本上升。

(2) 运输距离远、效率低

装配式混凝土建筑运输流程,包括运输车装卸、制定运输路线、现场存储。运输车的安排、现场临时储存、二次搬运以及运输距离等因素都会对装配式混凝土建筑运输阶段成本产生影响。首先,我国主要采用散装运输。由于装配式混凝土建筑构件形状差异大,导致我国的运输方式有别于国外存储运输一体化的运输方式。面对大量尺寸不一的构件,难以有效分类,也无法大量集中运输,所以只能被迫采用散装运输,导致装配式混凝土建筑的运输成本较高。其次,构配件生产厂离施工现场较为偏远。大多数装配式构配件企业为节约土地成本而在郊区选址,导致运输距离远、运输成本增加。同时,专业运输人员欠缺也导致运输效率低,运输成本偏高。

3. 施工安装阶段

装配式混凝土建筑施工工艺要求高,同时对于先进科学技术的应用处于探索阶段,导致装配式混凝土建筑施工阶段成本控制困难。首先,装配式混凝土建筑构件数量多,构件安装机械化、精细化、协同化要求更高。另外,相比传统建筑,装配式混凝土建筑施工所需的灌浆工、预埋工、构件装配工等新工种,市场需求紧缺,薪资水平偏高。其次,装配式混凝土建筑施工阶段对先进技术的灵活应用较为困难。装配式混凝土建筑施工阶段应用 BIM 等先进技术，可以有效调控现场临时设施和大型机械进出场时间，辅助管理人员把控整体施工进展。而国内 BIM 人才需求不断增长，BIM 专业人才短缺，相关技术应用受阻。

4. 运营维护阶段

由于装配式混凝土建筑采用预制构件，对于装配式混凝土建筑的整体强度与质量都充满了未知，对于后期查看受损位置所使用的材料种类、规格尺寸、钢筋直径及其供应商的相关信息充满了未知与难度，使得维修过程更加困难，增加了成本损失。

6.3.2 成本优化控制对策

1. 提高规划设计标准化水平

在设计阶段，应提高设计的标准化水平，提高尺寸规格一致的预制构件的预制率，以实现批量化生产和运输。具体来说，设计人员应以方便批量化生产为原则，根据装配式混凝土建筑建造全过程进行构件设计，在不影响安全质量的前提下尽量统一构件的形状尺寸。同时应该加强设计人员专业能力培养，提高设计人员专业化水平，根据装配式混凝土建筑在我国的发展实际制定合理的设计标准，促进装配式混凝土建筑设计阶段工作朝着更加高效的方向发展。

2. 优化生产运输环节

在生产阶段，首先，企业应扩大生产规模，提高生产的机械化和智能化水平。具体而言，应充分利用现代科学技术与智能机械设备实现批量化生产，同时应避免出现机械停工、空缺等情况而产生资源浪费。其次，企业应注重生产人员的专业化水平培养，加强技术人员培训，做好相关管理工作。如在生产过程中，管理人员可重点关注构件脱模及养护工作，对生产工人制定奖惩制度，防止出现构件强度不达标的情况。另外，应优化生产设施和工作区的布局并选择合理的生产模式。预制构件生产工序复杂，生产设备和工作区布置不合理，必然会影响生产效率，造成资源浪费。建立数学模型和优化算法，通过利用计算机求解生产设备布局最优方案以降低构件生产成本。

在运输阶段，首先，应优化运输方案。在构件运输之前，良好的运输方案能够有效降低成本。方案制定前，需要了解构件的属性信息，以便进行预制构件装车及摆放工作,并对预制构件之间间隔距离进行科学设计。同时,还需根据交通路况以及施工进程制定合理的运输路线和应急措施。其次,应加强运输过程管理。运输过程中,应严格按照预先的运输方案进行。要做到合理调度车辆,根据施工现场的使用顺序合理放置构件。例如,首次安装的构件应放置在车辆的最外侧或最上侧,并对构件进行编号,便于运输过程的顺利进行。

3. 提高施工安装效率和质量

在施工阶段,首先,应科学管理,合理安排施工步骤。施工过程应严格按进度计划进行,还应规范预制构件吊装方式,合理安排构件吊装顺序。其次,应注重施工人员技术培训,提高现场管理人员的综合素质。施工现场人员素质的提高不仅有利于降低成本消耗,更有利于建筑行业的长期发展。最后,灵活应用 BIM、GIS 和 3D 打印等先进技术,提高施工质量和效率。如在施工前期采用 BIM + GIS 技术模拟土方平衡以减少土方工程量,为后期土方运输需用车辆、人员等做出精确预估以控制成本。另外,还可以通过无人机对施工现场进行航测,对航测数据进行处理,建立真实的三维 GIS 点云模式,并将其导入 BIM 三维施工策划软件中,对临时设施布置进行模拟调整,结合施工进度计划对大型机械进出场时间进行调配,以节省工期和成本。

4. 加强政府的宏观调控

相关政府部门需加强装配式混凝土建筑的宏观调控。首先,装配式混凝土建筑预制构件的增值税税率远高于传统建筑材料的增值税税率。政府应结合市场情况适当调控管理,调整增值税税率。其次,政府应深化标准化改革工作,健全统一协调、运行高效、政府与市场共治的标准化管理体制。目前已有的建筑部品部件标准通用性不能满足装配式混凝土建筑的需求,协同工作和精细化设计标准(如管线协调接口标准)欠缺,相关部门应针对市场需求,予以调控管理。

5. 结合 BIM 相关技术对运营维护进行管控

可以预估利用 BIM 技术实现运营维护阶段的成本。首先,当工程的设备设施在后期损坏时,物业管理人员就能使用 Navisworks 软件做简单的处理,能直观地看到设备设施的损坏程度,而无须再去现场查看;其次,使用该软件的回报单即可查看 BIM 模型,做出初步的维修评估,同时还可以编辑维修进度,并追踪设备设施维修的实际状况。利用这种方法,能够降低管理人员操作上的一些错误,达到改善管理质量的效果并节省费用。

6.4 BIM 在全生命周期的优势分析与方案

6.4.1 BIM 在全生命周期中的优势

1. 规划设计阶段

在成本策划阶段使用 BIM 对成本进行预估及控制，方便对前期方案进行比选。但在装配式混凝土建筑中，不能简单地通过图纸算量进行计算，必须对 PC 结构进行深化设计，BIM 的模块化设计功能与装配式搭积木式设计理念基本相同，引入 BIM 用于装配式混凝土建筑前期设计生产阶段具有以下优势：

（1）出图速度快。在设计阶段，因 BIM 软件族权功能强大，其模型构建与装配式混凝土建筑模块化生产极其相似，通过建立图形库，可以很快完成建筑物二维及三维图纸的设计，尤其是对 PC 构件的深化设计，较传统二维图纸更为直观，避免因错误返工所耽误的时间，在时间上比传统模式具有优势。

（2）规划设计阶段成本控制效果好。对装配式混凝土建筑而言，规划设计阶段的成本影响更大，通过层次分析法发现，此阶段会影响成本的 70%~80%。在合理的功能布局和设计阶段，组装阶段对成本的影响更大。复杂的结构和适当的工艺分离都直接影响建筑成本。通过总体规划设计、初步设计、施工图设计、工艺设计和最终装修设计，整个施工模型变得更加清晰和完整，并通过对真实数据进行模型仿真来进行优化分析，并提出校正建议，实现了节省成本和节省投资的目标。

（3）投资估算能力好。BIM 模块化设计，模拟功能、云计算功能可以在此阶段被很好地应用。通过 BIM 技术优化预制建筑物的设计，可以减少制造困难并提高生产效率。减少零件类型，最小化模具成本，减少零件数量，以评估项目可行性，进行工程计划比较和选择、投资和预算估算、比选技术经济性和可行性等。

2. 生产运输阶段

构件在生产运输阶段包括从构件加工厂至施工现场两点间的距离，构件经生产加工后，使用 BIM 对构件加工仓储存储区位置进行优化。使用 BIM 模拟性的特点，对厂区内运输车辆及吊装车辆运行路径和运行台数进行优化，通过现代科学算法，计算出从构件生产厂区至施工现场的最优路径，结合 BIM 系统与其他信息化技术在物流阶段的优势，为实现装配式构件在运输阶段的成本控制提供了多种选择方式。

（1）BIM 与 ERP 技术相结合。ERP 是企业资源计划系统，是集合人员、物流、资金等各类资源的企业管理系统，ERP 系统的优势在于对装配式构件从生产至运输过程中数据的发生、共享、管理进行控制，历经多年发展已经十分成熟，是目前企业常用的管理工具。BIM 的优势体现在构件的设计生产阶段，对基础数据进行创建，可提供其工程信息。但 BIM 系统对计算机性能要求较高，与 ERP 系统相结合，既可以降低管理成本，又可以实现精细化成本管理。

（2）BIM 与 RFID 技术相结合。RFID 是射频识别技术，属于无接触式、自动识别技术的一种，将 RFID 芯片集成在构件中，即可实现对构件数量的统计、构件的定位及跟踪。与 BIM 技术相结合，不仅实现了构件的物联网管理，还能在构件的运输及安装阶段更好地实现准确供货，减缓现场供货的库存量，节约库存成本。

3. 施工安装阶段

装配式混凝土建筑构件施工安装阶段使用 BIM 模型，不仅可以快速精准地计算出构件的消耗量，通过与单价相匹配，还可以快速计算出建安成本中的材料费用，通过添加人、机等功能，可进行造价的估算及工程产值的计算。其施工模拟功能可以进行三维场地布置，模拟塔式起重机、吊装车辆吊装位置及工作半径，以及构件运输车辆的行进路线和构件的仓储路线，为项目管理人员提供工程前期的决策依据。施工模拟功能可对装配式混凝土建筑施工阶段进行模拟，加强对施工进度的管理。

（1）BIM 的集成性。BIM 具有强大的集成性，使用 BIM 软件进行施工阶段的成本目标控制，避免了施工阶段各部门不交圈所带来的沉没成本，工程部可使用其施工模拟功能对施工进度及构件拼装进行模拟；成本部使用造价功能对施工阶段构件的消耗量进行计算，实时掌控各环节的动态成本；物资部通过 BIM 可直接观察构件的消耗量，及时对构件进行补充；商务部使用其合同管理功能，可随时查阅相关合同。在传统的管控过程中，部门之间由于人员问题，时常发生因交圈不及时导致影响工程进度的现象。各部门使用 BIM 可避免此类现象的发生，减少了管理成本，提高了工程质量及生产效率，实现了多维度、可视化、精细化管理。

（2）快速安装，降低风险。装配式混凝土建筑在施工安装阶段需要经验丰富的工程师进行指导，在此阶段经常因为技术方面发生工程及安全事故，极大地增加了成本。通过 BIM 与 RFID 技术的结合，构件在进入施工场地阶段就已经拥有自己的身份码，工程师通过扫描即可获知该构件的所有信息，包括使用位置、安装所需工具、安装数量，减少比对时间，减少偏差及返工，加快施工进度，增加人工效能。在 BIM 模拟安装中，可实现可视化安装，减少人工成本及资源损耗，提升工程质量，从而降低总成本。BIM 技术模拟性与装配式技术高度集成可以合理优化施工周期，提高施工效率，间接提高资金的时间价值。

4. 运营维护阶段

后期运营维护阶段，运用 BIM 技术可以准确定位管道、设备和工程维修位置，快速查询管道、设备型号和尺寸厂家等信息，也可以根据设备使用情况和年限提前预警，实现运营维护期高效管理。建筑中水电、暖通、消防管道施工大部分为隐蔽工程，维修很不方便，而 BIM 可视化的特点在紧急情况下需要快速定位设备时的优势尤其明显，实现准确定位，及时发现问题，便捷维修，节省维修成本。装配式混凝土建筑提高了建筑工程节能技术，在使用阶段，因墙体外保温一体化，节能效果明显，同时也避免了墙体开裂和脱落，增加墙体使用年限。借助于 BIM 技术实现精益建造，质量大大提高，后期维修减少，降低了使用成本。

BIM 技术的标准化、协同化、可视化、信息化的特点，与装配式混凝土建筑标准化、集成化、信息化、绿色节能等特点高度融合，借助 BIM 技术信息平台，可以实现装配式混凝土建筑全生命周期、全产业链、全系统组织、多维度的成本最大化控制，使其整个住宅产业向高效、高速度、高质量的方向发展，极大地提升了人们的居住环境。

6.4.2 基于 BIM 的建造成本控制方案

1. 规划设计阶段

规划设计阶段是项目成本管理的关键环节，设计成本虽然仅占项目总成本的 1%～3%，但设计结果对项目成本影响很大。使用 BIM 优化三维模型的技术可以实现更好的成本控制。同时，施工阶段的工程变更所导致的返工是成本管理困难的重要原因。设计阶段的构件模型根据现场生产需要进行设计，在实际应用中，由于建筑物地下部分消防、电气、自来水、热力等管线错综复杂，尤其按设计要求地下层数不能超过 2m 等层高限制，在传统 CAD 设计方式中，管线设计尤为错综复杂，常出现管线碰撞的问题。使用 BIM 不仅直观地看到各专业管线的位置，在装配式混凝土建筑中，通过 BIM 碰撞检测等各种前期检测合格后，最终形成各种类型预制件的生产和加工图，并最终确定构件的使用数量。通过成本人员核算，得到初步的造价预算。由于 BIM 的深化设计已经达到零件制造精度，通过模块化生产可以分摊生产成本。使用 BIM 对装配式混凝土建筑设计生产具体控制过程，如图 6-1 所示。

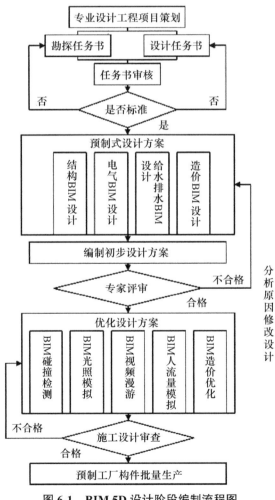

图 6-1 BIM 5D 设计阶段编制流程图

2. 生产运输阶段

在预制构件生产阶段，复杂的构件使用传统的二维图纸往往不易识图，增加构件的设计生产时间。由于批量化生产，一旦某一个环节出现差错，将导致此批次的构件大量返工，极大地增加了生产周期及生产成本。使用 BIM 对构件进行深化设计，通过三维形式展现出来，可以使生产工人更容易理解设计师的设计意图。由于 BIM 软件对构件赋予大量信息，可查看模具的规格、尺寸、强度、使用位置及数量等信息，极大地提高生产效率。构件加工厂通过 BIM 提供的所有构件信息，可进行材料的集中采集，对工人、物资、资金进行合理排布，达到集约化管理，达到降低成本的目的。

预制构件运输阶段的成本受非常多因素的影响，如运输路线的选择、运输批次的控制、运输路线的选择等。除考虑产生的直接费用成本外，时间成本同样十分重要，如果运输路线选择不当，车辆无法快速到达或者半路抛锚，都会影响运输成本。因此，如何更快、更准确、更安全地完成构件运输任务，将直接影响工程进度及成本，使用 BIM 现代化信息技术应用于此阶段，实现路线的合理规划、车辆的合理选择，可提升运输效率及降低运输成本。

3. 施工安装阶段

在装配式混凝土建筑施工安装阶段，装配工人的熟练程度、减少因施工错误导致的施工变更以及合理的场布方案，对提高预制构件的装配效率及降低成本有很大的影响。装配式混凝土建筑在施工阶段与传统现浇式建筑有很大的不同，传统现浇式建筑工人熟练程度普遍较高，由于国内装配式混凝土建筑发展较晚，经验丰富的工人及管理人员较少，导致在施工阶段常常因施工错误发生工程变更，BIM 技术的引入可以很好地解决此问题。借助 BIM 技术对工程现场进行合理布局，按规定要求完成道路、围挡、车辆、塔式起重机及仓储区域的布局，实现施工现场的可视化。利用 BIM 及相关平台的模拟性功能，对施工机械安排路线、运输车辆的转弯半径进行计算，通过模拟碰撞功能，确定道路的宽度，明确现场运输及吊装的最佳状态，形成最优的工程布局模型，提升装配式混凝土建筑施工效率。

利用 BIM 施工安装阶段的模拟性，提前先了解装配式混凝土建筑构件整个阶段各个安装时间节点及安装工序，事先了解构件安装的关键点及难点，对所需的工程材料及施工人员做出合理的安排，对施工过程中各种不可预见的风险进行提前预警，避免因施工顺序不明确、施工工具缺失而导致的返工及成本增加。

BIM 的集成性在施工阶段可以很好地控制构件材料的使用以及对进度的控制。在工程建设过程中，施工进度的变化必然导致构件材料需求计划改变。当构件材料供应不及时或构件材料堆放不合理，都会影响工程的顺利进行。可以选择适当地提前或延迟构件采购时间，不至于因为后续施工工段的物料提前或滞后到达，从而导致物料拥挤或因施工材料未到而引起工程停滞，利用 BIM 的资源计算功能，分析在各工序施工阶段对构件材料、人员需求排布以及对资金的需求程度，合理安排施工资源，从而达到对成本的管控。

在施工过程中，使用二维码赋予构件材料信息，是装配式混凝土建筑常用的一种管理方式，BIM 5D 系统读取了施工进度信息，在与模型构件进行关联的同时，还获取了材料的相关信息，例如材料的类型、类别、楼层信息、标注尺寸、材料的标号信息、所在流水段的位置等诸多信息，让物资管理人员一目了然，施工人员通过扫描二维码可知此构件应当安装的位置，方便施工人员的使用。

在装配式项目建设过程中，因一些客观原因导致工程变更的发生是不可避免的，工程变更是施工安装阶段成本增加的直接原因。当发生工程变更后，工程部使用 BIM 更改施工工序及时间安排并对新的施工工序进行模拟；成本部根据工程变更，使用 BIM 对成本增加的部分重新进行核算，更改资金计划；材料部根据变更，使用 BIM 制定新的物资采购及存储安排；质量部根据质量管理要求，借助 BIM 对各部门数据信息及施工进行质量审核；安全部通过相关安全文件的编制对安全风险进行管控，借助 BIM 对每个施工人员进行安全培训并做好施工安全交底。使用 BIM 对装配式混凝土建筑应对工程变更进行成本控制具体过程，如图 6-2 所示。

4. 运营维护阶段

在装配式混凝土建筑项目后期使用阶段，BIM 模型包含建筑中所有设备的信息，极大地方便了后期对各种设备的检查、维修及更换。BIM 模型包含建筑全部信息，可以准确地对设备进行查询和定位等，对于水电、暖通、消防等一些隐蔽工程，可视化、集成化的数据平台方便了后期检查、维修前制定合理的路线方案，节约维修成本。在维修结束后，会对设备的维修进行详细记录，包括设备的维修时间、损坏程度、维修人员等，方便后期维护管理，如图 6-3 所示。

第6章 装配式混凝土建筑全生命周期成本管理

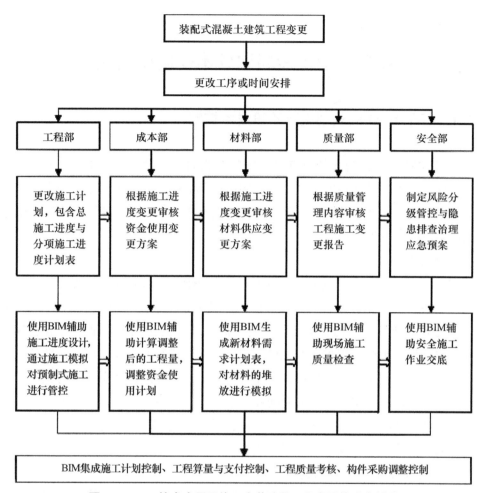

图 6-2 BIM 技术应用于施工安装阶段工程变更的成本控制

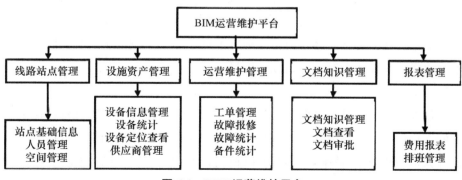

图 6-3 BIM 运营维护平台

6.5　BIM 在建造全生命周期成本控制中的应用

6.5.1　基于 BIM 的规划设计阶段成本控制

运用 BIM 技术可视化的特点可实现各专业的协同设计与优化设计方案，缩短设计周期，提高设计精度，提前解决构件内部的碰撞冲突等问题，减少设计变更和返工等情况，通过前置管理降低装配式混凝土建筑成本，使装配式混凝土建筑设计阶段的成本得到控制。

1. 各专业协同设计

在装配式混凝土建筑规划设计阶段，利用 BIM 技术可协调性的特点可为参与建设的各单位（建设单位、设计单位、生产单位、施工单位），包括各单位中的各个专业（建筑、结构、机电等专业）提供统一的协同工作平台。基于 BIM 技术的协同设计平台使很多协调工作实现即时同步进行并自动闭环，帮助各专业的设计人员实现同步设计与修改，方便各单位、部门之间的信息共享与交流，减少各专业间工作人员协调沟通的时间和由于信息传递不到位导致的返工。BIM 技术通过对全专业设计的集成化管理与一体化设计，达到缩短设计周期、减少后期更改的效果，降低装配式混凝土建筑成本。

2. 优化设计方案与工程计量

设计单位可利用 BIM 技术快速准确地统计装配式混凝土建筑单个构件的材料统计表与项目的基本工程量，并通过成本数据库对不同的设计方案完成成本估算，为不同方案进行比对时提供更精准的分析结果，有利于设计方案的优化，更加合理地选择功能分区、结构方案、适宜的装配率、预制部位、节点设计等，最大限度地降低装配式混凝土建筑成本增量。

3. 深化设计

深化设计阶段是从设计阶段过渡到生产阶段的关键环节，因此构件在工厂生产前的深化设计显得极其重要。构件深化设计阶段要对预制构件进行拆分，专业的设计人员利用 BIM 技术对预制构件进行智能拆分，并建立标准化构件数据库，尽量减少预制构件的种类和模具成本，保证拆分方案的合理性和经济性，将构件拆分方案的总体增量成本降到最低，相比传统凭经验拆分的时间大大缩短，成本更低。

深化设计阶段借助 BIM 技术可视化的特点可有效降低设计误差，提高设计的精细化程度。BIM 技术可实现对预制构件的几何尺寸、钢筋直径、间距、预制构件预埋件位置等重要参数进行多维的碰撞检查，及时发现设计中的冲突问题，减少对预制构件生产与安装的影响，有效避免由于设计误差导致的工期延误，节约项目成本。

6.5.2 基于 BIM 的生产运输阶段成本控制

预制构件是装配式混凝土建筑的核心。BIM 技术的运用可以实现数字化生产，提高生产预制构件的效率，提高生产精度，从而降低构件生产成本。

1. 提高预制构件生产精度

构件生产单位可以直接通过项目 BIM 模型调取构件的各种信息，保证了生产所需加工信息的精准性，BIM 技术也可以将预制构件钢筋骨架、套筒、预埋件的位置等进行多角度三维展现，方便生产技术人员查看，设计人员对图纸进行的设计变更也可以通过 BIM 模型及时传达给构件生产人员，保证预制构件生产的精准性，避免返工，降低成本。

2. 提高模具周转次数

装配式混凝土建筑预制构件种类繁多，且各种构件的规格各有不同，若预制构件需要返厂进行重新修改或设计，都会导致已生产的模具使用次数过低，小部分模具可能出现直接作废的情况，降低模具周转次数。而模具的重新设计与更改也会导致预制构件成本的增加。利用 BIM 技术可视化与参数化的特点，可有效提高模具设计水平，并根据构件设计库提高模具的通用性，从而提高模具的生产效率与周转次数，有效降低预制构件生产阶段的成本。

3. 构件存储管理

通过 BIM 技术与 RFID 技术相结合，存储验收人员与物流配送人员可以利用基于 BIM 与 RFID 技术相结合的信息平台，如图 6-4 所示，实时准确地读取相关信息，避免传统管理模式下出现的构件验收数量不对等、部品部件存放位置偏差等情况。当施工单位需要变更施工进度时，可通过 BIM 技术进行施工现场实际情况的查看，并对预制构件的进场计划进行实时调整，满足施工现场各区域对需吊装安装构件的需求。

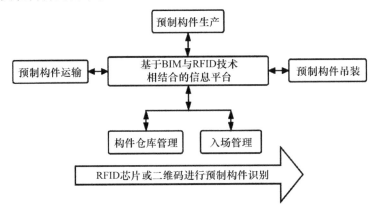

图 6-4　基于 BIM 与 RFID 技术相结合的信息平台

基于 BIM 技术与互联网相结合的装配式混凝土建筑施工管理平台，可采用 RFID 技术对预制构件的出厂、运输、进场与安装进行追踪监控。通过 BIM 大数据和云平台进行实时信息传递，确定运输计划，项目各参与方也可以在平台上更直观地掌握预制构件的物流与安装进度信息，合理规划运输路线，监控运载量，制定运输方案，考虑各种运输限制条件，提高运输效率，节约运输成本。

6.5.3　基于 BIM 的施工安装阶段成本控制

在装配式混凝土建筑施工安装阶段，借助 BIM 技术可实现精细化施工、缩短项目工期、减少资源消耗，从而达到降低施工安装成本的目的。传统的成本控制，缺乏对工程项目施工中成本的动态控制，无法有效持续地控制装配式混凝土建筑的成本。通过运用 BIM 技术可提前进行精细化施工策划，实现施工过程中对成本的动态控制，有效避免项目返工的发生，进而节约成本。

1. 模拟优化施工组织设计与方案

预制构件的安装是装配式混凝土建筑施工技术中的重要一环，装配式混凝土建筑吊装工艺复杂、施工机械化程度高导致其施工安装难度大、精度要求高。而基于 BIM 技术的施工组织设计为装配式混凝土建筑的施工安装问题提供了新的解决办法。施工单位可以通过使用基于 BIM 技术的施工组织设计结合三维模型对装配式混凝土建筑施工进度的关键节点进行施工模拟，使施工人员更直观地了解施工流程，明确分工协同作业。相关施工方案进行选择对比时，可建立相应的三维模型，对不同施工方案进行模拟并统计相应的工程量，在进行施工模拟的过程中，可将资金及相关资料数据录入模型中，在进行施工模拟的同时可查看不同节点上相关资源的投入情况，从而优化施工组织设计与施工方案，使其高效、科学、合理地进行；施工全过程可预测、可模拟，有效规避了传统施工方式中原材料价格波动、劳动力成本变化、现场变更签证等成本风险，从而降低施工阶段成本。

2. 提高施工安装效率

通过 BIM 技术对施工现场的现场布置与车辆路线进行优化，减少场地占用面积，缩短运输时间；BIM 技术还可以辅助实现预制构件的吊装，合理规划存放场地，避免二次搬运等情况，有效提高各种机械设备的工作效率，缩短工期。

3. BIM 5D 施工模拟优化成本计划

施工单位可根据项目施工图纸等相关信息建立 3D—BIM 模型，并在建模的同时将图纸中遇到的相关问题与设计单位进行沟通，最后依据沟通结果对 3D—BIM 模型进行整改。而 BIM 5D 技术将时间与资源两个维度信息导入装配式混凝土建筑项目 BIM 模型中，施工单位可借助 5D—BIM 模型进行施工模拟，通过模拟了解施工过程中各资源投入与使用情况，分析扣减关系，对构件工程量进行汇总，并结合实际情况建立工程项目的动态施工规划，使现场施工工作人员直观地了解项目的施工进度计划安排等情况；还可通过施工模拟发现原计划中存在的问题，并对其进行方案优化，实现施工阶段全过程的管理与动态成本控制，从而降低施工成本、避免进度拖延。

6.5.4 基于 BIM 的运营维护阶段成本控制

装配式混凝土建筑使用预制构件，在很大程度上避免了施工质量缺陷，从而减少了工程后期维修成本。

1. 附属工程维修

利用 BIM 技术，能够更直接地查看受损位置所使用的材料种类、规格尺寸、钢筋直径及其供应商的相关信息等，使得维修过程更为简单有效，大大提升了运营维修阶段中的服务水准，从而降低了成本损失。

2. 物业信息化管理

利用 BIM 技术，管理人员还可以对装配式混凝土建筑周围存在的环境设备等问题进行管控，比如利用 BIM 和 RFID 技术在门禁上设置电子标签，管理者能够快速地通过电子标签定位所需维修的设备设施，然后能够直接将设备设施维修情况记载到电子标签上，同时利用 BIM 物业管理体系，使得管理者能够在第一时间掌握最新的设备设施运营状况，并且通过针对物业或者运营商增加设备设施数量的要求，管理单位也能够在确保装配式混凝土建筑品质和使用效益的前提下，以最低的管理成本符合相应的要求。

第 7 章　装配式混凝土建筑全生命周期安全管理

7.1　安全管理理论

7.1.1　安全管理的内涵

安全管理是管理者在生产过程中利用资源，通过对安全生产活动中出现的不安全因素采取一系列计划、指挥、协调和控制来进行管理，以期保护劳动人员和机械设备在生产过程中的安全，保证生产运行状态良好，促进管理的持续改进，提高效益，使生产活动的顺利实施得到保障。安全管理与许多方面的问题相关，是一个系统工程，需要用到安全科学、系统科学和管理学的原理与方法进行研究。安全管理可以根据实施主体划分为宏观的安全管理和微观的安全管理两类，宏观的安全管理是由国家或政府机构安全部门制定相关安全法律法规、设置安全生产管理机构等。通过宏观的措施，预防伤亡事故和职业危害，维护劳动者的合法权益，使企业和劳动人员之间的劳动关系维持在平稳状态，促进企业发展和社会稳定。微观的安全管理是企业遵照国家发布的安全生产方针、法律法规等，根据自身情况，提出相应的安全管理措施，保护劳动人员在生产过程中的安全与健康，提高生产效率，保证生产的顺利进行。

7.1.2 系统原理

系统原理属于现代管理学中的一个基础性原理。相互作用和相互依赖的若干组成部分（要素）可以通过结合而形成具有特定功能的有机整体，即系统。系统需要两个以上的要素组成，要素既是构成系统的最基本单位，也是系统存在的基础和实际载体，系统具有整体性、层次性、适应性、相关性、集合性、目的性六个特征。运用系统论的观点、理论和方法，以整体作为考究维度，可以根据管理系统所处的不同阶段对各要素进行分析调节，充分发挥各要素特点，以达到优化系统功能、使其不断前进的目的。

系统原理有动态相关性原则、整分合原则、反馈原则、封闭原则四个原则。动态相关性原则提出管理系统中的各构成要素处于不断运动和发展当中，同时彼此之间既相互联系又相互制约。整分合原则提出在整体规划下做到分工明确，在分工基础上进行有效综合，这样才能实现高效的现代安全管理。反馈原则是指成功的高效安全管理需要建立在对各种安全生产信息灵活、准确、快速的反馈之上。封闭原则是指任何一个管理系统内部，管理技巧、管理过程等必须组成一个连续封闭的回路，这样才能进行有效的管理活动。

7.1.3 事故致因理论

随着工程项目日益复杂，科学技术不断进步，事故的成因日趋多样化，人们通过研究对事故发生的原因也有了更加深入的了解。人们对大量的事故进行分析，找出其成因的源头，由此提炼出事故发生的机理，归纳出事故发生的规律，揭示事故的始末经过、成因以及事故后果，推动了事故致因理论的发展。

1. 事故因果连锁理论

海因里希事故因果连锁理论是用来描述伤害事故发生的一系列因素及其之间的相互关系。海因里希将事故致因的发生逻辑解释为带有先后顺序的"事件链"关系，并且通过多米诺骨牌形象地验证了对事故发生原因进行控制干预的，就可以将事件的连锁反应结束于此。事故的发生必须具有五个因素，即遗传与社会环境、人的缺点、人的不安全行为或物的不安全状态、事故及伤害，如图7-1所示。海因里希最先提出了从人和物两个角度分析事故的直接原因，且

第 7 章　装配式混凝土建筑全生命周期安全管理

人的不安全行为产生的因素可以从遗传与社会环境的角度剖析。海因里希事故因果连锁理论启发了许多学者，至此衍生出博德、亚当斯、韦佛事故因果连锁理论等。

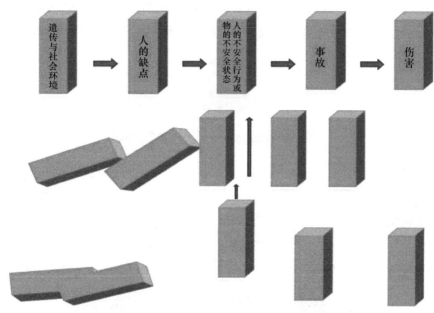

图 7-1　海因里希事故因果连锁理论示意图

博德事故因果连锁理论认同海因里希提出的事故发生的直接原因，但同时也提出事故发生的基本原因是个人因素和工作条件，根本原因则归结于管理的缺陷。其中，工作条件方面包括如机械设备、材料的质量不合格、安全制度规范不健全等因素。亚当斯事故因果连锁理论指出现场失误是事故发生的核心要素，并且经过深入的剖析发现，现场失误发生通常是由于专职安全管理人员和企业领导层的管理与决策出现误差，从而造成现场作业人员的不安全行为以及施工过程中物的不安全状态。因此，专职安全管理人员管理和管理层决策出现失误会对安全生产造成致命伤害。

2. 能量意外释放理论

能量意外释放理论认为，事故源于异常或不希望被释放的能量被意外释放并作用于人体或机械设备，当各种形式的意外释放能量超过了受体所能承受的范围就会被造成伤害，因此这是事故发生的直接原因。人类在生产活动中常见的可能造成人员伤害或财物损失的工艺材料或机械设备所含的能量包含热能、力能、电能、机械能，比如化工厂中容易出现化学反应的烧伤、大自然产生的风力能在施工现场通过对未固定的部件造成人员或设备伤害等。因此，可以通过控制能量源或控制能量转移的媒介以及路径建立屏蔽，从而预防能量或者危险物质的意外能量释放，再采取方法措施避免人或物与其接触。作用原理如图 7-2 所示。

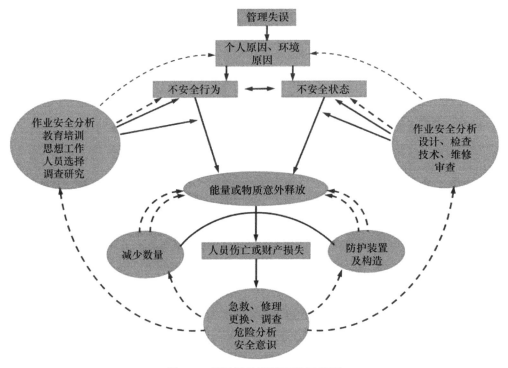

图 7-2　能量意外释放理论示意图

3. 轨迹交叉理论

轨迹交叉理论认为，人和物两种因素的运动轨迹包含在各种事故发展进程中，人的不安全行为和物的不安全状态分别属于两种运动轨迹。事故在某一时空发生，就是因为在一个系统中两种运动轨迹在这一时空产生了交点。轨迹交叉理论中将基础原因（社会因素）、间接原因（管理因素）、直接原因（人的不安全行为与物的不安全状态）、事故、损害的依次发展归纳为事故发展过程。随着科学技术的进步、生产技术的不断提高，人们对生产装置设备、生产环境的安全性要求有所提高，因此重新审视了人和物的两种诱因在事故中起到的作用，进一步强调了与人和物相关的两种因素在事故致因中具有同样重要的地位。其原理如图 7-3 所示。

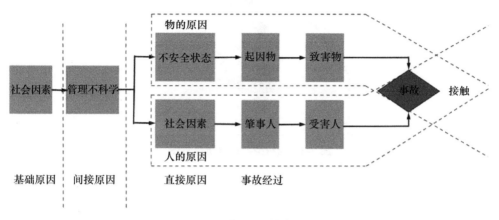

图 7-3 轨迹交叉理论示意图

4. 组织型事故风险管理理论

组织型事故风险管理理论是 1997 年由英国科学院院士里森提出的，阐述了组织发生事故的原因。他认为事故一般分为两种情况，一种是发生在个人身上，另一种是发生在组织中。个人事故往往会对当事人造成严重的伤害，但是不会进一步蔓延，事故性质也不会发生改变。而组织事故的发生一般是由多重原因组合导致的，往往发生频率低，但是一旦发生就会造成灾难性后果，涉及不同组织层级的多名人员，并且带来额外的影响，局面将十分严峻。组织的安全防护会随着时间逐渐降低，当发生较低损失事故时会促使组织改进防护过程，但是往往因为生产因素被再次忽视，周而复始，组织的安全防护将会被完全瓦解于灾难性事故中。因此组织事故的因素包含组织因素、局部作业因素和不安全行为，事故发生根源在于组织自身的缺陷，而不仅归于一线员工的不安全行为。因此在调查事故产生的原因时，可以人的不安全行为作为事故调查的起点，了解工作场所层面中产生不安全行为的原因，进而深入到组织层面的原因。在进行事故预防时，除了人为因素，还必须考虑包括管理者、规章、程序、预防措施等在内的组织的所有因素。组织型事故分析如图 7-4 所示。

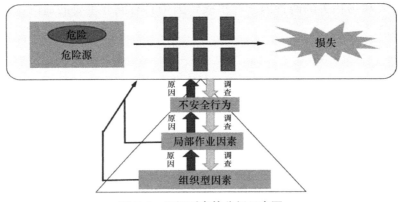

图 7-4　组织型事故分析示意图

7.2　安全管理存在的问题分析

7.2.1　现阶段安全管理不能满足实际需求

1. 安全管理配套政策相继出台，但内容相对滞后

我国装配式混凝土建筑企业大多是由传统现浇建筑企业转型发展而来，虽然传统现浇建筑施工经验丰富，但却并没有参与装配式混凝土建筑建设的经验，因此无论是施工技术还是管理方面企业都面临极大的挑战。1999 年，国务院办公厅颁布的《转发建设部等部门关于推进住宅产业现代化提高住宅质量若干意见的通知》（国办发〔1999〕72 号）以及 2006 年建设部为推动装配式混凝土建筑发展发布文件《国家住宅产业化基地试行办法》，两份文件中都在强调研发可以提高装配式混凝土建筑性能的相关技术等。但是随着装配式混凝土建筑的发展，安全问题逐渐显露出来。

直至 2016 年《国务院办公厅关于大力发展装配式建筑的指导意见》（国办发〔2016〕71 号）的发布，才从国家政策层面明确提出要加强装配式混凝土建筑工程施工过程中的安全管理，由此开始转变了对安全管理相关内容发展的态度，各省、自治区、直辖市陆续颁布了一系列政策。各省、自治区、直辖市颁布的政策中，虽然根据装配式混凝土建筑施工阶段的流程、施工全过程的分项工程以及各参建单位，对安全管理要点和安全责任进行了补充说明，对促进安全管理有着积极作用，但还是缺乏统一的有指导性的装配式混凝土建筑施工安装阶段安全管理标准规范。而后经过对文件仔细研读后发现，各项文件内容有重叠部分，比如都强调吊装过程中大型机械的选型及质量的重要性，但是各省、自治区、直辖市的大型机械设备市场不同，该要点并不能起到有针对性的指导作用，因此各省、自治区、直辖市文件在本地区的实用性也有待考证。此外，施工过程中的一些与安全相关的技术标准规范类型及内容也有待细化完善。

2. 对安全管理的重视有所提高，但是仍不充分

在装配式混凝土建筑之前，企业自身已经拥有较为成熟的传统现浇建筑施工安全管理系统，但是装配式混凝土建筑采取的是一种新的施工方法，与传统现浇建筑施工有较大的差别。在施工过程中，既可能发生传统现浇作业遇到的安全风险，也会新增现场吊装、装配等新环节出现的安全风险，导致安全隐患种类增多，管理需求发生变化，管理难度增加，因此现浇施工阶段已经较为成熟的安全管理在装配式混凝土建筑施工安装阶段并不完全适用。但是我国装配式混凝土建筑正处于发展阶段，企业将更多资源用于施工技术研发，旨在通过解决施工过程中遇到的技术问题来获得创新的核心技术，提高核心竞争力，从而使自身在行业中占有优势地位。由于企业重视技术发展投资，造成安全管理在实际应用中发展相对滞后，不满足装配式混凝土建筑施工安装阶段的需求。

国家和各地政府颁布的一系列相关政策，强调安全管理是装配式混凝土建筑发展的重要部分，不仅希望为安全管理发展创造有利环境，还希望以此驱动企业观念的转变。在国家和政府的大力引导下，少部分企业逐渐意识到安全管理在装配式混凝土建筑施工安装阶段的重要性，但是并未形成配套的安全管理模式，缺少适用的安全管理方法，实际行动缺乏积极性。尽管企业会对安全管理中的内容进行更新，但是在对原有的安全管理内容进行更新之前，根据装配式混凝土建筑施工安装阶段安全管理需求对自身安全管理系统进行全面评估，对比分析两种建造方式中安全管理的需求差异，所以会出现安全管理相关内容更新出现缺漏或不全面，使得安全管理方法不适用、管理效果不佳，如忽略对安全培训方面的更新。首先，装配式混凝土建筑采用的是新型的建造方式，施工安装阶段安全管理需求提高了，更新各方参与人员安全方面的知识变得十分重要。但是企业并不会聘请或咨询装配式混凝土建筑相关的专业人员进行培训内容的更新，并且缺乏统

一的指导性教材作为参考。因此，大多内容仍然遵循传统现浇施工制定的培训内容，针对装配式混凝土建筑施工特点进行培训内容扩充的部分较少。其次，尽管相关部门会组织安全教育与培训，但是由于形式并未发生改变，无法使参训人员对新的内容产生深刻印象，难以通过培训达到提高施工人员装配式混凝土建筑及其安全相关知识的目的。最后，虽然制定了相关的安全培训制度，但是落实不到位，参训人员对待培训的态度大多是敷衍了事，不会认真进行学习，且不符合安全操作规范。

3. 安全管理方法不足以应对实际发生的复杂情况

在研究者的努力下，我国装配式混凝土建筑相关建造技术的研发已经获得一定的成就，而其安全管理的发展与施工技术的发展并不平衡，导致施工安装阶段安全管理发挥的作用有限，不利于装配式混凝土建筑的发展。通过收集资料并进行深入研究发现，装配式混凝土建筑施工安装阶段的安全管理依旧按照传统的安全管理模式进行管理。传统的安全管理假设所有风险和危害都可以被识别，可以通过制定相应的规则和程序来约束人的行为，从而阻止事故的发生。该模式下采用的安全管理方法主要通过对事后的经验教训以及历史发生数据进行分析后制定应对措施，注重风险与事故预防，以此提高施工安装阶段的稳定性。这种方法的有效性取决于已知或可以预测的安全风险的程度，但目前装配式混凝土建筑施工安装阶段中，人员、材料、机械等要素之间存在强烈的相互作用，使得安全风险变幻莫测，安全管理不可避免地需要处理有高度不确定性和复杂性的安全问题，因此，单一遵循传统的安全管理方法已不再适用。此外，由于装配式混凝土建筑相关知识和经验的缺失，在事故分析过程中容易陷入既定思维，继而出现将传统现浇建筑的事故成因带入的失误，导致风险识别出错。因此，当前传统被动的安全管理已经难以应对装配式混凝土建筑施工安装阶段出现的复杂安全问题，迫切需要对装配式混凝土建筑施工安装阶段安全管理进行评价，推动转变现有的安全管理模式，采用新的安全管理方法。例如，在进行施工安装阶段安全风险监控时，积极主动的安全管理方法会激励一线员工进行配合，鼓励他们运用自身经验对现场各操作场景保持警惕性，并且支持、重视一线员工的汇报。

7.2.2　安全管理评价难以有效促进安全管理的发展

1. 安全管理评价发展不成熟

我国对传统现浇建筑施工安全管理评价的研究已经较为成熟，在施工安全管理影响因素的识别、施工安全评价及应对措施等方面有了许多成果，但是我国装配式混凝土建筑的安全管理评价还处于初级阶段，施工安装阶段安全管理评价的相关研究还不充足。在研究过程中，由于缺乏对装配式混凝土建筑施工安装阶段的经验和相关内容的了解，通常依据传统现浇建筑施工阶段的经验进行安全管理评价，因此评价时会造成评价指标与装配式混凝土建筑施工安装阶段安全管理不匹配的现象。在目前的研究中，主要围绕安全因素分析识别、安全定性评价、安全管理措施等，但内容大多数侧重于安全风险评价方面，只有相对较少的研究者对装配式混凝土建筑施工安全管理评价进行探究，且相关评价仍然套用传统现浇建筑施工阶段安全管理进行评价，缺乏针对性和系统性。因此，难以促使安全管理模式的蜕变，导致不能采用更有效的安全管理方法来充分发挥安全管理的作用。

2. 复杂的安全管理影响因素使评价难度增大

装配式混凝土建筑施工安装阶段主要有预制构件生产阶段、运输阶段、现场装配阶段三个阶段，与传统现浇建筑施工阶段流程相比有所增加，涉及的参与主体也随之增加。因此，安全管理的内容会产生变化，安全管理的要点也会较传统现浇建筑有所改变。装配式混凝土建筑建设过程中会使用预制构件安装，也会在构件连接时使用混凝土现浇，因此既需要应对传统现浇施工的安全隐患，也需要应对预制构件的制作与运输、进场时的质量检验、成品在现场的堆放保护、施工过程中的吊装安装以及节点连接、特种工人的专业技术水平、组织管理等方面存在的新的安全隐患。随着施工工艺的改变、施工流程与参与主体的增多等，涉及的安全问题范围更宽广、内容更冗杂，并且某些非安全问题也可能会叠加组合，碰撞出更多化学反应，产生新的难以预见的安全问题，导致装配式混凝土建筑施工安装阶段影响安全管理效果的因素更加错综复杂，安全管理评价难度增大。我国装配式混凝土建筑安全管理模式及其评价的相关内容都还处于探索当中，认识不够深入，在评价时容易将传统安全管理模式下的固有思维代入，造成因素识别不全面、不匹配。

7.2.3 安全管理评价核心问题的确定及分析

1. 安全管理评价指标不符合施工安装阶段实际情况

装配式混凝土建筑施工安装阶段安全管理具有整体性、动态性和系统性，为了促进安全管控的进化，降低事故发生概率，需要对安全管理进行评价。通过对装配式混凝土建筑施工安装阶段安全管理评价的研究发现，由于施工安装阶段的相关经验积累不足，以往的评价指标在识别过程中容易受到传统安全管理模式中养成的固定思维影响，以至于识别出的指标与装配式混凝土建筑施工安装阶段安全管理内容不匹配，甚至某些内容沿用了传统现浇建筑施工阶段安全管理的影响因素，导致指标呈现碎片化且适用性差。

2. 安全管理评价指标体系缺乏系统性

在以往装配式混凝土建筑施工安装阶段安全管理评价中，通常会根据过去事故的经验，提取已知的存在于某个施工环节、施工工序等的危险源，分析造成原因，以此为基础建立指标体系，因此，指标体系的内容侧重于事前对风险的预测和控制。然而安全管理是一个具有复杂性、模糊性、不确定性且资源受限的系统工程，风险是不可以完全被预测的，也无法制定完美的措施去应对风险，因此识别指标时不能将目光全部集中于评估安全管理中事前预防的能力。需要考虑事故发生前、事故发生时以及事故发生后的整个过程的安全管理能力，对其中涉及管理各个方面的影响因素进行集成化处理，进行全方位的深层研究，以此构建系统的、全面的、实用的装配式混凝土建筑施工安装阶段安全管理评价指标体系。

3. 安全管理改进措施的效果不明显

目前装配式混凝土建筑施工安装阶段安全管理评价不全面，提出的安全管理改进措施往往不能涵盖各个方面，与实际匹配度差，使安全管理不能达到理想效果。随着装配式混凝土建筑的不断发展以及安全影响因素日渐复杂，为了制定合理的改进措施，促进安全管理模式的转变，需要转变固有思维。首先，必须认识到安全风险是客观存在的，危险的发生是非线性的，并非所有风险都可以被预测。其次，由于工作内容、工作场所以及作业人员的动态化，变化是不可避免的，无论是计划还是程序、规定都会存在缺陷，无法完全满足工作自带的复杂性。因此，不仅需要主动预测不断变化形态的风险，更需要培养组织及人员根据现场实际情况机动调节管理策略的能力等，以便在不良事件或者危险发生时可以建设性地指导施工人员调整复杂系统的动态性和紧急性带来的意外、挑战和压力等。在制定装配式混凝土建筑施工安装阶段安全管理的改进措施时,应该多加考虑如何提高安全管理应对不确定性的能力,以此使安全管理发挥自身作用。

在建筑工业化发展进程中,解决装配式混凝土建筑施工安装阶段安全管理的问题,才能为建筑业的高质量发展提供良好助力。因此,为了转变现有的安全管理模式,使其在实际工程施工安装阶段中更符合装配式混凝土建筑的需求,发挥出良好的作用,针对装配式混凝土建筑施工安装阶段安全管理开展进一步评价显得十分必要。

7.3 装配式混凝土建筑安全管理的特点

7.3.1 安全管理具有复杂性

由于装配式混凝土建筑功能的不同,使建筑的规模、材料和工艺方法多样化,建造时的机械设备、施工技术、现场环境千差万别,以及工作场所、工作内容也是动态的、随时变化的。随着各种条件发生变化,装配式混凝土建筑安全管理的侧重点和作业人员的周边环境会经常发生变化,所以说装配式混凝土建筑施工的安全管理具有复杂性。

7.3.2 安全管理具有独特性

装配式混凝土建筑施工的每一道工序,对技术的要求、周围施工环境、施工的机械设施以及施工人员的要求都不同。与此同时,每一道工序施工时的材料、施工方法的多样性决定了每一道工序在施工时安全管理的独特性。

7.3.3 影响施工安全的因素较多

1. 缺乏有效的监管体系

建筑市场较为混乱,时常出现一个项目有几个分包商,分包商的社会信誉、施工技术和管理水平普遍较差，在工程施工过程中偷工减料，安全意识淡薄，根本谈不上对安全进行统一管理。

2. 施工人员安全意识淡薄

保证施工安全首先要考虑人的因素，人是施工的主体，施工安全涉及所有参加工程项目施工的管理人员、操作人员，他们是影响施工安全的决定因素。在工程实践中，由于个别领导忽视安全和操作人员违章操作所引起的安全事故是屡见不鲜的。

3. 材料及施工机械质量不合格

（1）建筑施工中所需的与安全有关的材料种类较多、用量较大，采取全数检查是难以实现的，但采用抽检的方法往往会产生遗漏。若对进场材料控制不严或未按有关规定对应进行现场见证取样复试的材料不进行复试，致使不合格的假冒、伪劣产品进入工程施工中，留下安全隐患。

（2）施工机械质量对安全的影响很大。由于施工时所需机械的种类多、流动性大，采取全面检查是难以实现的，但采取抽查的方法往往会产生遗漏。施工机械的维护保养不到位，重使用，轻管理，导致机械设备带病作业，加之部分安装人员素质不高，不按规程进行安装，使安装质量得不到保证，留下安全隐患。

4. 违反安全操作规程

未制定安全施工方案，不能严格执行，不注意施工过程的安全管理，不制定切实可行的预防措施。例如，非机械操作工擅自操作机械，造成机毁人亡。非电工私拉乱接电线，不通过漏电开关，发生漏电事故时漏电开关不起作用，造成触电身亡。施工人员在临边及高处作业时，不系安全带，加上临边防护不严，时有坠落死亡事故的发生。

7.3.4 分包单位安全管理不足

施工单位在施工时，可能将部分工程分包给有资质的分包单位。部分分包队伍安全管理机构不健全，不能科学而实际地制定符合自己单位的各种安全管理规定和制度，找出本单位的重大危险源并采取有效措施进行控制，管理及施工人员结构层次较低，很多施工人员受教育程度低，只知道蛮干胡干，不听指挥，缺乏纪律性，安全意识薄弱。而装配式混凝土建筑施工时对工人的素质要求较高，面临的不安全因素也与传统施工方式有所不同。在装配式混凝土建筑施工中工人素质要求没有达到时发生安全事故的风险增大，而且许多分包队伍缺乏专职安全管理人员，缺乏安全管理的能力，导致施工现场安全管理不到位或失控。

7.4 BIM 在安全管理的适用性分析

与传统建筑的施工工艺相比，目前的装配式混凝土建筑施工工艺的现浇体系并不成熟，难度比较高，所采用的施工技术比较复杂，也最大限度地增加了安全管理难度。随着 BIM 技术的应用，充分借助其所具有的模拟优化以及可视化等特点，为安全管理工作的开展创造了更多的便利条件，也提供了许多的技术支持，促进各单位之间的交流协作，为安全交底工作提供了更多的保障，有效提高了直观性，工作效率也得到提升，同时，能够提前防范许多潜在的不安全因素，降低危险事故的发生率。接下来将围绕以下几个角度进行分析，即技术适用性、经济适用性以及环境适用性。

7.4.1 技术适用性

1. 场地规划

在建筑项目中，施工场地会对其具有一定的影响，市中心的施工场地有限，特别是该类建筑项目中，对施工现场提出了更高的要求，需要其具备充足的存储空间对预制构件进行存放，而且也对场地布置提出了非常高的要求。所以，合理规划设计施工场地，提升空间利用率，是减少安全隐患的基本保障。

在此过程中，必须要合理规划施工区、生活区以及办公区等不同区域的布置，规划物料的进出场路线，还有物料堆放以及垂直运输机械等也要规划合适的位置。然而随着工程建设的不断推进，施工活动也会产生相应的变化，从而导致场地规划面临被调整的情况。在此期间，要对现场布置进行全面考虑，综合分析各项因素，并利用 BIM 对各项因素进行分析，合理做好规划处理，为施工安全提供更多的保障。

2. 施工安全交底

在建筑项目中，施工前必须要做好充足的准备，工作人员也必须要对各项因素进行全面了解，包括工程概况、技术规范以及安全措施方法等。相比于传统建筑施工工艺来说，装配式混凝土建筑与之存在许多差别，在进行操作时必须要掌握新的施工工艺与技术方法，施工人员的综合素质能力参差不齐，无法达到统一的标准，在实践操作中也会产生许多失误或者危险事故。基于 BIM 实现安全施工交底工作，让相关人员对各个流程有着充分的认知与理解，并产生更全面的认识，促进各个流程的有序开展，提升施工效率，在质量和安全方面得到更多的保障。

3. 制定施工方案

我国装配式混凝土建筑的发展时间相对比较短，虽然受到国家的大力推广，然而缺少充足的实践经验，因此，在许多关键节点位置处，均要制定科学合理的施工方案，采取一系列的应对措施，旨在使操作过程中存在的问题得到解决。对于一些分部分项工程来说，如果具有比较高的危险性，也要制定专门的方案计划，例如外挂架专项施工方案等。同时，可以构建多个方案，模拟演练各个方案的效果，从中筛选出最具安全性的方案，最后利用 BIM 实现安全交底操作，保障安全管理工作的顺利执行。

4. 安全文明施工

在施工过程中，应树立安全文明施工的理念，并将其按照各个阶段的施工要求与三维平面布置相融合，便于技术人员进行全面分析。除此之外，还可以发挥 BIM 技术可视化的特点，提高施工现场的整体形象，从而达到精细化管理的目的。

在布置施工场地时，应结合各个阶段的特点，达到保护环境与文明施工的目的，利用其所具有的漫游功能，实现可视化管理的操作。

5. 识别与划分危险区域

在 BIM 技术的作用下，可以实现 4D 模型的集成，其中包括所有进度计划，采用建模的方式，能够将施工期间的安全隐患问题准确识别出来，对从业人员产生良好的提示作用。除此之外，借助于可视化与模拟的特性，可以采用动态方式对各个阶段进行模拟，与施工现场的安全管理要求相结合，合理划分风险区域，利用不同颜色在模型上反映出来。例如，在基坑周边位置按照每级挖土状况，明确相应的行为规范与工序流程。

6. 施工空间冲突管理

在大型施工现场，运行的塔式起重机会有很多，每一台塔式起重机的操作都是固定的，摇摆臂的运动范围与回转半径都是提前设定好的。多台设备同时作业，若未科学规划设备的安装位置，彼此之间必定会受到影响，甚至引发危险事故问题。

借助于 BIM 的优势，利用其所具有的可模拟性与场景布置，明确设备运行时的工作范围，尽可能降低彼此之间的影响，避免交叉的发生，这样一来，施工安全才可以得到充分保证。除此之外，还可以对施工空间进行冲突检测与管理，防止产生机械伤害以及物体打击的情况。

7. 执行安全监控

将 BIM 与视频监控技术充分结合，各单位均可以实时监控整个施工流程，监督不及时、不到位的问题也能得到很好的解决。监督施工人员的不当行为，防止引发严重的安全事故，还可以适当调整安全活动事项，并对施工计划进行合理调整，从而使安全施工的需求得到满足。

8. 数字化培训

由于 BIM 技术具有可视化与集成化的特点，因此为安全培训创造了有利条件，并且具有完善的信息数据库，从业人员能够从多个层面对施工方式与工序进行了解，例如技术交底以及复杂烦琐的工艺流程等。通过基于 BIM 的培训方式，能够最大限度地提升培训效率，减少成本费用的支出，有利于从业人员迅速掌握知识要领，提高操作安全性。

7.4.2 经济适用性

在施工项目中，BIM 技术的应用必须符合以下条件：首先，必须要具有专业的技术人才进行操作；其次，则要配备完善的软硬件设备。我国比较典型的厂商包括鲁班软件股份有限公司与广联达科技股份有限公司，但具有较高的软件服务成本，针对计算机设备而言，在运行 BIM 技术时必须要应用高配置计算机进行操作。除此之外，相关领域的技术人才也是极其匮乏的，即使是开展人才培训工作与培养计划，也必须要投入大量的时间、精力与成本。然而在施工过程中，若是出现风险事故，导致人员受到伤亡，将会增加施工单位的损失，甚至造成恶劣的社会影响。

（1）施工单位要承担伤亡人员的各类费用，包括抚恤费用、医疗费用等，而且会因为延误工期而面临违约的风险。

（2）如果出现安全事故问题，会导致企业资质与企业形象受到影响，从间接层面产生许多损失。

利用 BIM 技术合理进行施工安全管理，减少事故危险出现的可能性，从某种程度上来看，也会创造更多的经济效益与社会效益。

7.4.3 环境适用性

近年来，我国始终提倡低碳经济的发展理念，也对绿色建筑予以更多重视，使人们的物质生活需求得到满足，致力于推动行业信息化与工业化发展的步伐。在党中央的号召下，为了深入落实《国家信息化发展战略纲要》等文件的指示精神，提高整个行业的信息化效率，住房和城乡建设部正式出台了《2016—2020年建筑业信息化发展纲要》。通过对 BIM 与装配式混凝土建筑进行分析后发现，二者为信息化与工业化的充分融合，不仅响应了国家出台的政策方针，与市场规划要求相符合，符合我国宏观政策环境，而且装配式混凝土建筑的优势也与环境保护的理念相符合，BIM 技术的应用也为其提供了充足的技术保障。因此，在环境层面具有一定的可行性。

7.5 BIM 在全生命周期安全管理中的应用

7.5.1 规划设计阶段

BIM 信息管理技术在建筑工程规划设计阶段的主要作用是联络和协调各参与者协商达成一致意见，能有效规避传统模式中普遍存在的多方参与设计冲突以及设计频繁变更的问题。其优势包括：

（1）进行系统的场地分析，提出最优的选址方案。以往的场地分析环节往往偏重定量分析，在海量信息和主观因素影响的情况下往往束手无策。而BIM技术能实现与地理信息系统完美融合，对现实场地的条件和空间信息建立数据模型并进行分析，综合评估给出若干建议，为当地规划提供参考。

（2）BIM模型能将工程的含义以及各构件的原料、尺寸和属性等信息完全直观地展示出来，而且模型是基于若干参数组成的，各参数之间都有不同程度的关联性。当某个构件的参数信息发生变化后，其他所有相关构件也会发生改变。因此图形修改只要在同一个图纸上就可以完成，不像传统模式那么烦琐。另外，基于BIM技术建立的模拟图形还能对施工难点，如新结构、新形式和复杂节点等进行直观模拟，这样能使设计者准确及时地发现问题并进行改进和优化。而且BIM模式还具有可视化优势，设计者只需要通过互联网将电子模型分享给建筑工程相关对象，就可以完成在线沟通和交流，大大节约设计规划的时间。

（3）有效检验是否存在设计冲突。传统设计模式往往是凭空想象待建工程完工后的大体情况。而由于实际施工过程很难管控，导致很多设计与实际严重偏离。尤其是预制构件的设计问题，预测不合理很可能导致构件不符，无法正常使用，需要返工和重新设计或修改方案。但如果利用BIM技术进行设计，一些设计方面的矛盾问题立即就能在模型中体现出来，设计师可以及时更正和调整，从源头上规避设计冲突的问题。

7.5.2 生产运输阶段

为了能够确保预制构件信息的准确性，有效解决构件因信息混乱而返工的问题，需要为每一个构件选择唯一特性的标签，在工厂预制构件制造完成时将特制信息标签植入构件内，可以通过信息标签对构件的运输、吊装以及堆放管理进行全过程监控。在植入信息时也要为其他属性信息的植入保留足够的空间，使预制构件的信息存储具有扩展性。在信息植入并编好标签后将信息传输到BIM系统中，就可以通过BIM系统分析和处理预制构件，并对运输车次、运输顺序以及运输路线进行合理的规划安排，这使预制构件在运输过程中不易出现问题，提高运输效率，也为后续工作做好准备。此外，BIM系统还具有反馈功能，能将施工现场的工程进度等相关信息及时反馈到预制构件工厂，方便工厂对构件的生产计划进行调整，避免构件重复制造，以防耽误工期。通过BIM技术的应用，使预制构件生产和施工现场的信息得以共享，有效地保证工程顺利、有序进行。

7.5.3 施工安装阶段

1. 基于 BIM 的施工场地布置

装配式混凝土建筑的施工工艺复杂，交叉作业较多，现场环境难以精确控制，施工现场的机械设备、人员、预制构件等容易在时间和空间上发生冲突，导致安全事故的发生。传统的施工图纸只能对施工现场的规划和管理进行笼统的描述，缺乏视觉的直观动态展示，难以发现施工现场布置存在的冲突错漏。BIM 安全信息模型能够准确描述施工的时间和空间需求，将时间与空间冲突进行直观动态的展现，实现有效的施工现场安全管理。因此，本书根据施工方案在 BIM 安全信息模型的基础上创建 BIM 场地布置模型，合理规划场内交通路线、机械设备停放及行进路线、预制构件堆放及运输路线、临建设施位置等，并对施工场地布置方案进行漫游模拟，根据施工需求进行方案优化，消除施工现场环境的安全隐患。

（1）基于 BIM 的施工场地布置优化原则

为保证施工场地的充分利用，满足各类用地与施工进度、预制构件堆放与安装、机械设备交叉作业、材料周转等协调要求，基于 BIM 的施工场地布置优化应遵循以下原则：

1）减少施工场地的占用

在保证施工安全顺利进行的前提下，应根据施工计划合理安排预制构件及其他建筑材料的进场与堆放，尽量减少占用施工用地，从而减少场内运输和临时水电，便于施工管理。

2）减少临时设施的用量

在保证施工正常进行的前提下，选择对施工作业影响较小的临时设施，尽量减少临时设施的用量，减少临时设施对施工场地的占用，减少工程成本，便于施工现场的日常管理。

3）合理规划场内运输路线

预制构件及各种建筑材料应按照施工计划分批进场，充分利用施工场地，堆放场地尽量布置在施工机械附近，合理选择运输方式和运输路线，保证预制构件及其他建筑材料的运距最短，尽可能减少二次搬运。

4）满足劳动保护、技术安全和消防安全的要求

施工现场布置必须满足消防安全、技术安全等要求，还需结合施工现场的具体情况，考虑施工总平面图的要求和施工用地面积、场地利用系数、各种管线用量等技术经济指标。

（2）基于BIM的施工场地布置流程

BIM咨询单位在BIM安全信息模型的基础上，根据施工总平面图与施工现场的实际情况，使用Revit软件绘制地形地貌、场地道路、机械设备、构件堆放等内容，建立BIM场地布置模型。并将BIM场地布置模型导入Fuzor软件，进行施工场地布置方案的模拟分析，包括车辆运输模拟分析、塔式起重机作业模拟分析等，若布置方案存在冲突点、碰撞点或不合理的地方，BIM咨询单位应与施工单位沟通协商，对场地布置方案进行修改优化，直至满足施工作业与安全要求，确定为最优的施工场地布置方案。具体流程如图7-5所示。

与传统的施工场地布置方法相比，基于BIM的施工场地布置操作直观便捷，可提前看到施工场地布置效果，准确模拟施工现场车辆运输、机械设备作业等施工过程，不需要现场人员、机械设备等对象配合，不消耗任何建筑材料，全面识别施工现场空间冲突点与碰撞点，并能够反复模拟优化施工场地布置方案，直至确定最优方案，从而为实际施工现场布置提供重要参考，减少后期的施工变更返工，保证施工现场的环境安全。

2. 基于BIM的施工方案优化

施工方案是对装配式混凝土建筑项目在人力和物力、时间和空间、资金和技术等方面做的全面安排，由施工工序、施工工艺、机械组织、劳动组织、安全组织等部分组成。施工方案是否合理对施工进度、安全、质量等方面有着重要影响。因此为实现装配式混凝土建筑项目的最大效益，需对施工方案进行规划与优化，对工程项目的施工人员、机械设备、预制构件、建筑材料等生产要素进行合理安排。由于装配式混凝土建筑对预制构件的设计图纸要求精准，对吊装、安装等关键施工技术要求很高，而传统的施工方案优化方法较多地依赖项目人员的施工经验，不能直观地展现施工过程，很难发现施工方案中存在的细节问题，难以满足装配式混凝土建筑施工的需要。基于BIM的施工方案优化相比传统方法具

有很大的优势，采用 BIM 技术可以在施工前期对预制构件的生产设计图纸进行深化设计及优化，对预制构件的运输、堆放、吊装及安装方案进行模拟分析，直观展示各个施工方案的具体实施过程，从而快速进行方案比选及优化。

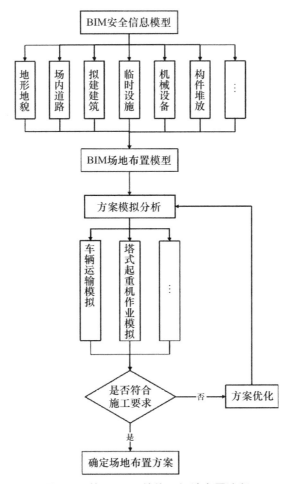

图 7-5 基于 BIM 的施工场地布置流程

BIM 咨询单位使用 Navisworks 软件对 BIM 安全信息模型进行碰撞检测分析，依据分析报告对预制构件的设计图纸进行优化，结合装配式混凝土建筑项目的施工现场条件、施工计划等，对预制构件的运输、堆放、吊装与安装方案进行模拟仿真，对预制构件的施工方案进行反复优化，直至确定最佳施工方案，如图 7-6 所示。

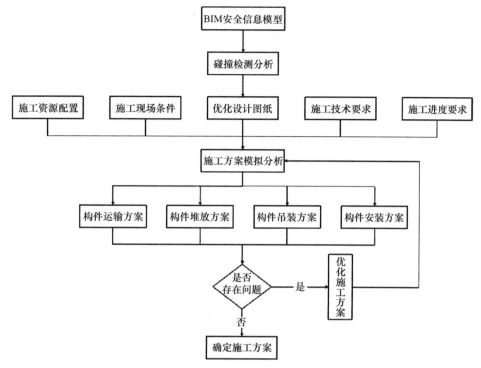

图 7-6　基于 BIM 的施工方案优化流程

　　BIM 咨询单位使用 Navisworks 软件对 BIM 安全信息模型进行碰撞检测分析，主要是预制构件模型之间、预制构件模型与外露钢筋之间、预制构件模型与机电专业之间的碰撞检测，生成碰撞检测分析报告，针对碰撞冲突点优化预制构件设计图纸。利用 Fuzor 软件的模拟漫游与安全分析功能，模拟仿真预制构件运输、堆放、吊装与安装过程，进行施工方案的优化比选，减少预制构件施工过程中的安全隐患，解决预制构件信息脱节问题。

　　基于 BIM 的施工方案优化能够对设计图纸进行碰撞检测，满足装配式混凝土建筑对预制构件设计图纸的深化设计要求，能够对各个施工方案进行模拟，直观地展现各个专项施工方案的施工过程，为项目人员比选施工方案提供可靠依据，仿真的虚拟施工可以让项目人员快速直观地发现施工问题和安全隐患，从而优化施工方案，减少后期工程变更，避免安全事故的发生。

　　3. 基于 BIM 的安全教育培训

　　根据建筑安全生产事故统计可以得出，建筑安全生产事故的发生必定与人员因素有关，90%以上的安全事故是由于从业人员安全意识淡薄、安全知识不足、违章指挥作业等因素导致的。加强安全教育培训有利于增加从业人员的安全知识、提高安全意识、培养安全习惯等，对于减少安全事故具有不可或缺的作用。传统的安全教育培训内容主要是三级安全教育，安全教育方式大多为说教、书面形式，由于时间、空间和成本的限制，很难进行实际操作的培训指导，从业人员大多为应付考试合格而死记硬背，难以有效吸收并加以运用，安全教育培训的效果参差不齐。基于BIM和VR技术的施工安全教育培训方式是以BIM安全信息模型为数据基础，采用VR技术建立逼真的三维施工场景，对施工过程进行"真实"再现，弥补传统的安全教育形式无法体验实训或体验不到位的缺陷，同时新型技术设备将安全教育培训从"说教式"改为"体验式"，加深从业人员对安全事故的感知认识，满足安全教育培训的感知需求。

以BIM安全信息模型和VR技术为核心，构建基于BIM与VR的安全教育培训平台，包括VR三维漫游、安全知识可视化，如图7-7所示。参加培训人员可通过VR可穿戴设备漫游于虚拟的施工场景中，在管理人员的指导下识别施工安全隐患，利用VR设备的安全知识可视化功能，直观形象地学习安全知识，提高安全教育培训效果。

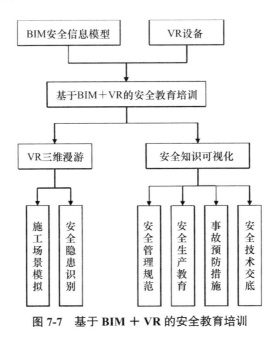

图7-7 基于BIM＋VR的安全教育培训

采用 VR 技术可使参与培训人员进行施工场景漫游，直观形象地识别施工场景中的安全隐患，并做好安全心理预期与安全防范。BIM 安全信息模型在建筑构件上链接大量的安全信息，在 VR 场景中，借助 VR 可穿戴设备选中某个建筑构件，可将该构件的安全信息以弹窗的形式显现，实现安全知识的可视化，加强参与培训人员对安全知识的掌握，实现可视化的安全技术交底与安全生产教育，给予参与培训人员沉浸式的体验，改善安全教育效果，从而减少从业人员的不安全行为，避免安全事故的发生。

基于 BIM + VR 的安全教育培训以安全数据建立的 BIM 模型为基础，遵循装配式混凝土建筑工程施工的标准和要求，采用 VR 技术构建虚拟逼真的施工场景，让体验者产生沉浸式体验，通过视觉、听觉和触觉感知安全隐患的存在，不受时间和空间的限制，允许多个体验者随时随地反复体验，激发作业人员参与安全教育培训的兴趣，弥补传统的安全教育方式无法实操或实操成本过高的缺点，避免人工、材料的浪费，改善安全教育培训的效果，真正发挥安全教育培训工作的作用。

4. 基于 BIM 的安全应急疏散

当装配式混凝土建筑的施工现场发生火灾、基坑坍塌或自然灾害等严重事故时，现场施工人员想要快速应急疏散与逃生，不仅要在施工人员进场前进行安全教育与疏散逃生培训，还需要在施工场地布置、施工技术方案阶段，确保施工现场安全疏散逃生的条件，避免现场发生危险时出现人员踩踏、拥堵等情况。

BIM 安全信息模型在虚拟场景中真实完整地表达建筑及环境，因此基于 BIM 安全信息模型使用 Pathfinder 应急疏散模拟软件，可进行建筑的可视化应急疏散模拟，合理运用应急疏散通道，考量多方面因素制定应急疏散预案，为作业人员的安全应急演练提供参考。

基于 BIM 的安全应急疏散流程如图 7-8 所示，由于 Pathfinder 软件只需要计算人员疏散的路径及时间，对模型信息要求简单，因此 BIM 技术人员首先将已有的 BIM 安全信息模型进行简化，得到 Pathfinder 软件中可参考和浏览的 DXF 格式模型。然后对导入的 BIM 模型进行必要的分析，根据安全应急疏散方案设置应急疏散模拟参数，建立疏散区域和疏散路径，接着设置人员分布，包括人员特征和人员速度，进行人员疏散模拟分析。通过疏散模拟的三维动画，可直接观察到在不同疏散时刻、不同区域的人员密度情况、各疏散出口的人员流量变化情况等信息,并生成图表数据,进而分析疏散出口、路径等是否满足人员疏散要求,若不满足,需要调整建筑物的出口位置、数量及宽度,有的放矢地优化安全应急疏散方案,直至确定最佳安全应急疏散方案。

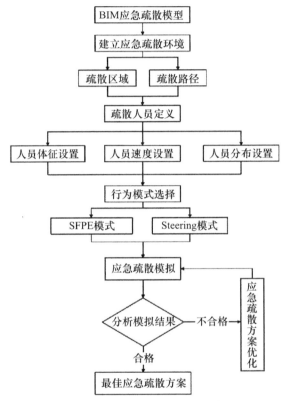

图 7-8　基于 BIM 的安全应急疏散方案优化流程

5. 安全组织管理保障

安全组织管理主要包括安全管理制度、安全生产责任制度和劳动组织管理,其中建立健全安全管理制度是进行安全管理活动的基础,组建基于 BIM 的安全管理组织机构、完善安全生产责任制是进行安全管理活动的重要保障。

(1) 安全管理制度

为建立和维护建筑安全生产活动的秩序,规范从业人员的安全作业行为,明确全体人员的安全生产职责,高层管理者应建立健全项目安全管理制度。在工程项目使用 BIM 技术进行施工安全管理的过程中,完善的安全管理制度是 BIM

技术深入应用的首要基础，是推行 BIM 技术的有力保障，因此应按照"安全第一，预防为主，综合治理"的方针建立健全安全管理制度，主要包括应急救援管理制度、持证上岗制度、安全检查制度等，如图 7-9 所示。具体安全管理制度如下：

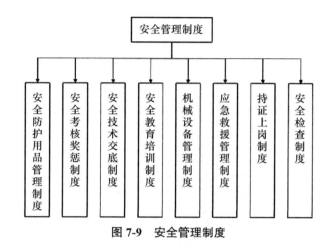

图 7-9　安全管理制度

1）安全防护用品管理制度指对劳动防护用品和安全防护设施的管理，应根据作业条件、劳动强度及有关安全标准，选择合适且合格的安全防护用品，并进行定期检验和更换。

2）安全考核奖惩制度应依据项目制定的安全生产目标进行考核，按管理职责进行目标责任分解，落实安全生产主体责任，并对考核结果实行奖惩制度。

3）安全技术交底必须与施工任务的下达同时进行，并根据不同施工内容进行定期交底与记录。

4）安全教育培训制度应建立三级安全教育档案，定期进行特殊工种培训，并进行安全教育培训记录。

5）机械设备管理制度是为提高设备的使用效率，确保设备的安全状态而制定的，操作人员应按照技术性能和使用说明正确使用机械设备，并定期维修保养。

6）应急救援管理制度应根据"预防为主、强化基础、快速反应"的原则制定，设立安全应急管理机构，建立应急预警机制，提供应急保障。

7）持证上岗制度是专为特种工作人员安全技术考核与管理制定的，特种工作人员必须在参加培训合格后持证上岗，并建立特种工作人员管理台账，记录监督特种作业持证上岗执行情况。

8）安全检查制度主要是采用周查制、不定期制、巡查制等多种检查形式，针对施工现场的安全防护情况、安全生产活动等进行安全检查。

（2）基于 BIM 的安全管理组织机构

基于 BIM 的装配式混凝土建筑施工安全管理需要引入 BIM 技术人员，安全管理组织机构必然要发生变化。传统的安全管理组织机构较为简单，难以适应基于 BIM 的装配式混凝土建筑施工安全管理，因此在传统的安全管理组织机构基础上，建立基于 BIM 的安全管理组织机构，如图 7-10 所示。

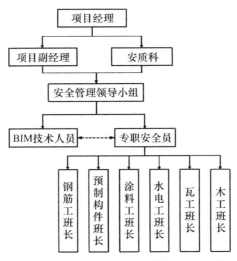

图 7-10　基于 BIM 的安全管理组织机构

基于 BIM 的安全管理组织机构由项目经理、项目副经理、安质科、安全管理领导小组、BIM 技术人员、专职安全员、各施工班组班长构成。其中项目经理为施工安全管理工作的总负责人，全面负责施工现场的安全生产活动；项目副经理和安质科直接对安全管理工作负责，安排督促各项安全工作；安全管理领导小组负责开展督促施工全过程的安全生产、教育活动等；BIM 技术人员负责 BIM 安全信息模型的创建、维护及应用，并与专职安全员进行施工现场安全信息的传递与交换；专职安全员负责指导监督各施工班组的作业安全，各施工班组班长对班组内的人员、设备、材料安全等负主要责任。建立健全安全生产责任制度，落实安全生产主体责任,做到"纵向到顶、纵向到底、横向到边,人人有责",是使用 BIM 技术进行装配式混凝土建筑施工安全管理的重要保障。

6. 安全投入保障

安全投入指为实现装配式混凝土建筑项目的安全目标、预防安全事故所投入的一切资源总和,包括从业人员投入、机械设备投入、预制构件投入、BIM 应用投入、作业环境投入,如图 7-11 所示。

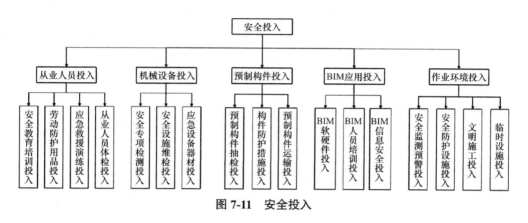

图 7-11 安全投入

从业人员投入是为保证建筑从业人员身心健康的投入,包括安全教育培训投入、劳动防护用品投入、应急救援演练投入、从业人员体检投入等。机械设备投入是为保证机械设备正常使用的投入,包括安全专项检测投入、安全设施维检投入、应急设备器材投入等。预制构件投入是为保证预制构件安全状态的投入,包括预制构件抽查检测投入、构件防护措施投入、预制构件运输投入等。BIM 应用投入是为保证 BIM 技术深入应用的投入,包括 BIM 软硬件投入、BIM 人员培训投入、BIM 信息安全投入等。作业环境投入是为保证作业环境安全的投入,包括安全监测预警投入、安全防护设施投入、文明施工投入、临时设施投入等。

安全投入是装配式混凝土建筑施工安全管理活动的资源保障,安全投入越大,项目的安全措施越完善、施工安全管理越到位、BIM 技术的应用越深入、管理人员和作业人员的安全知识和安全意识水平越高,则装配式混凝土建筑施工过程中安全事故的发生概率和严重程度就越低,产生的人员和财产损失就越少。

7. 安全监督保障

安全监督管理为基于 BIM 的施工安全管理方案有效实施提供有力保障,装配式混凝土建筑施工现场的安全监督管理不仅是施工单位的任务，还涉及建设单位、监理单位以及政府部门等安全监督主体。

建设单位作为安全监督的主导者，应对工程建设活动履行业主职责，加强安全管理和监督检查力度，开展安全检查和隐患治理工作，杜绝违章冒险作业和野蛮施工行为，确保装配式混凝土建筑的施工安全。

施工单位作为安全监督的执行者，应建立健全并严格落实安全生产责任制和安全检查制度，加强日常安全管理和监督检查，认真履行项目安全管理责任，严格审查分包单位资质、作业人员资格，加强施工现场安全管理，杜绝违章作业、冒险施工现象，及时发现和消除事故隐患，确保施工作业的安全。

监理单位作为安全监督的第三方，应贯彻履行施工现场监理职责，加强对施工过程的监督管理，落实现场监理工作程序，严格审查承包商资质和施工方案，对建设单位、施工单位的违法违规行为要及时督促整改，并报告建设行政主管部门，避免监理工作流于形式。

政府部门作为安全监督的最后一道防线，应全面履行项目安全监督管理职责，根据工程规模、施工进度，合理安排监督力量，制定可行的安全监督检查计划，确保建筑安全生产监督检查工作取得实效，遏制项目安全生产事故的发生。

7.5.4 运营维护阶段

工程项目竣工后，为了达到物业管理自动化、资源管理自动化以及财务管理自动化，BIM 技术将预制构件的信息存储到一个管理系统中，并且使 BIM 管理平台拥有所有信息。施工完成后，建筑物的施工情况、经济情况和容量的承载度等信息都会在 BIM 管理平台中得到保存，物业管理人员可以通过 BIM 管理平台对各种被存储信息进行随时监测。除此之外，为了能够有效保护建筑物结构的安全，及时处理不合格或者损坏的预制构件，可以将工厂生产预制构件时输入的信息也存储到物业管理系统中，这样就可以对建筑物的所有构件以及设备的运行情况进行随时监测。基于 BIM 的装配式混凝土建筑全生命周期安全管理，能够随时、准确地分析和监测建筑结构的耐久性与安全性，确保在对应的房间内安装内隔墙、管线、厨卫设施等预制构件，避免因为安装的不合理导致损坏主体建筑结构。此外，还可以利用 BIM 数据库存储信息来判断当建筑物的预定寿命到期时是否还能循环使用，这种方法在节约能源达到绿色环保的同时，还能做到可持续发展。